W0205101

Grupp-Robl · Luible-Ernst · Robl · Zahn

GEZIELT VORBEREITET

GEZIELT VORBEREITET

Ein Informations- und Arbeitsbuch zur **Auswahlprüfung**
für die Ausbildungsplätze in der öffentlichen Verwaltung, der Justiz
(bis 01.01.2011: Mittlerer nichttechnischer Dienst)
und im allgemeinen Vollzugsdienst

mit Prüfungsaufgaben und Lösungen
für die Einstellungsjahre 2012 und 2013

herausgegeben von

SUSANNE GRUPP-ROBL

verfasst von

SUSANNE GRUPP-ROBL
ROSA MARIA LUIBLE-ERNST
JOHANN WOLFGANG ROBL M. A. mult.
ELKE ZAHN

VERLAG E. VÖGEL, STAMSRIED

ISBN 978-3-89650-346-4
30. neu bearbeitete Auflage 2012

Gesamtherstellung: Druck+Verlag Ernst Vögel GmbH, Stamsried
Illustrationen: Erik Liebermann, Starnberg

Printed in Germany

INHALTSVERZEICHNIS

Hinweis: GEZIELT VORBEREITET ist ein Buch für Schülerinnen und Schüler, Bewerberinnen und Bewerber, Prüfungskandidatinnen und Prüfungskandidaten. Aus Gründen der besseren Lesbarkeit werden in GEZIELT VORBEREITET jedoch grundsätzlich die maskulinen Formen verwendet.

Vorwort

Die Prüfung für die Ausbildungsplätze in der öffentlichen Verwaltung, der Justiz (bis 01.01.2011: Mittlerer nichttechnischer Dienst) und im allgemeinen Vollzugsdienst ist eine Auswahlprüfung, hat also Wettbewerbscharakter. Wie im Sport wird nur der gewinnen, der sich besonders sorgfältig auf den Wettbewerb vorbereitet hat.

Hier setzt GEZIELT VORBEREITET an: Es bietet in seinem ersten Teil zunächst alle wichtigen Informationen, die man im Vorfeld braucht, um sich richtig und erfolgreich zu bewerben. Man erfährt z. B., welche beruflichen Möglichkeiten der mittlere nichttechnische Dienst überhaupt bietet, wie die Bewerbungsunterlagen zu erhalten sind, welche Termine eingehalten werden müssen, welche schulische Vorbildung erforderlich ist usw. Mindestens genauso wichtig sind Informationen zur Frage, welche Kenntnisse und Fähigkeiten bei der Einstellungsprüfung verlangt werden, wie die einzelnen Aufgaben aussehen und welche Strategien dabei helfen, sie zu „knacken". All dies stellt GEZIELT VORBEREITET umfassend und bis in die Einzelheiten gehend dar – es ist also ein **INFORMATIONSBUCH.**

Gleichzeitig ist GEZIELT VORBEREITET aber auch ein **ARBEITSBUCH;** denn es bietet die Möglichkeit, sich selbst aktiv mit den Prüfungsaufgaben der jeweils beiden letzten Jahre zu beschäftigen und dabei beispielsweise festzustellen, wo persönliche Wissenslücken liegen oder wo man die Aufgabenstellung zu wenig sorgfältig gelesen hat. Wer sich mit Hilfe von GEZIELT VORBEREITET auf die Einstellungsprüfung vorbereitet, wird und soll Mühe damit haben – aber die Mühe wird sich lohnen.

Letzteres wünschen

die Autoren.

Alle aktuellen Informationen rund um die Auswahlprüfung, Zulassungsvoraussetzungen, Prüfungsorte, Bewerbungsunterlagen und Einstellmöglichkeiten finden Sie unter:

www.lpa.bayern.de

ALLGEMEINE INFORMATIONEN

Zur Gestaltung des Auswahlverfahrens

Das Auswahlverfahren besteht aus zwei Teilen, nämlich aus

- der Auswahlprüfung und
- der Berücksichtigung schulischer Leistungen in den Fächern Deutsch und Mathematik oder Rechnungswesen.

Die Tatsache, dass die Schulnoten zu einem Drittel in die Gesamtnote einfließen, zeigt, wie wichtig gute schulische Leistungen sind. Es genügt also keinesfalls, nur in der Auswahlprüfung gute Leistungen vorzuweisen. Während schlechte Schulnoten schon so manchen Prüfungsteilnehmer trotz guter Noten in der Auswahlprüfung um die Einstellungschance gebracht haben, stellen gute Schulnoten bei der Berechnung der Gesamtnote eine Art Guthaben dar.

Die Auswahlprüfung

Die eintägige Auswahlprüfung findet in der Regel einmal im Jahr statt; sie wird von der Geschäftsstelle des Landespersonalausschusses an vielen Orten Bayerns gleichzeitig durchgeführt. Der voraussichtliche Termin der Auswahlprüfung, der meist Mitte Juli liegt, wird im Bayerischen Staatsanzeiger und auf der Internetseite **www.lpa.bayern.de** bekannt gegeben. Genauer **Termin** und **Prüfungsort** werden jedem Bewerber im Einladungsschreiben (Zulassungsbescheid) mitgeteilt, das er ca. zwei Wochen vor der Prüfung erhält.

Die Prüfungsteilnehmer haben in der Auswahlprüfung nachzuweisen, dass sie über eine grundlegende Allgemeinbildung, über logisch-schlussfolgerndes Denkvermögen, über Sprachfertigkeit in der deutschen Sprache sowie über eine hinreichende Belastbarkeit verfügen (§ 17 AVfV).

Bei der **Auswahlprüfung** handelt es sich um eine schriftliche Prüfung. Zu verschiedenen Materialien (z. B. Texte, Grafiken) werden unter folgenden Aspekten Aufgaben gestellt:

- **Sprachfertigkeit in der deutschen Sprache,** d. h. Kenntnisse in Grammatik und Rechtschreibung sowie Textverständnis und Fähigkeit zur Textgestaltung;
- **grundlegende Allgemeinbildung, und zwar in den Bereichen**
  - Erdkunde,
  - Geschichte (Schwerpunkt 20. und 21. Jahrhundert),
  - Wirtschaft und Recht (Grundlagen) und
  - Staatsbürgerliche Kenntnisse.

Für die **Durchführung der Prüfung** gelten u. a. folgende Regelungen:

- Um eine möglichst objektive Bewertung der Prüfungsleistungen zu gewährleisten, werden entsprechend der Allgemeinen Prüfungsordnung für beamtenrechtliche Prüfungen auf die Prüfungsarbeiten keine Namen geschrieben, sondern nur Arbeitsplatznummern, die vor der Prüfung ausgelost werden.
- Schwerbehinderte können bereits bei der Anmeldung gegen Nachweis von Art und Umfang der Behinderung beantragen, dass ihre Arbeitszeit verlängert wird, allerdings nur, wenn die Behinderung 50% oder mehr beträgt oder eine Gleichstellung zuerkannt wurde.
- Während der Prüfung darf immer nur eine Person den Prüfungsraum verlassen.

- Bricht ein Teilnehmer die Prüfung aus irgendwelchen Gründen (z. B. weil er sich nicht wohl fühlt) vorzeitig ab – er legt die Prüfung also nur zum Teil ab – werden die bearbeiteten Teile bewertet. Ein Anspruch auf Nachholung der Prüfung besteht nicht.
- „Unterschleif", wie das „Spicken" offiziell genannt wird, wird auch bei der Auswahlprüfung mit ungenügend bewertet.

Bewertung der Leistungen in der Auswahlprüfung

Alle Aufgaben werden nach Punkten bewertet.

Die für jede einzelne Aufgabe erreichbare Höchstpunktzahl steht jeweils am rechten Rand des Aufgabenblattes bzw. des Lösungsbogens (siehe die Prüfungsaufgaben im zweiten Teil dieses Buchs).

Die erreichte Gesamtpunktzahl wird in eine Prüfungsnote umgerechnet, und zwar auf zwei Stellen nach dem Komma.

Ermittlung des Gesamtergebnisses

Für die Ermittlung des Gesamtergebnisses wird zunächst aus den zu berücksichtigenden Schulnoten (Deutsch und Mathematik oder Rechnungswesen) eine Teilnote gebildet, die einfach zählt.

Dann wird die Note der Auswahlprüfung verdoppelt und hinzugezählt. Die Gesamtsumme wird durch 3 dividiert und das Ergebnis mit zwei Dezimalstellen festgehalten; die dritte Dezimalstelle bleibt unberücksichtigt.

Das Auswahlverfahren ist dann **nicht erfolgreich** abgeschlossen, wenn
- der Bewerber nicht an der Auswahlprüfung teilnimmt
- der Nachweis der einzubeziehenden Schulnoten nicht erbracht wird

  oder
- die errechnete Gesamtnote schlechter als 4,00 ist.

Die erfolgreiche Teilnahme am Auswahlverfahren garantiert allerdings nicht die Einstellung in den Vorbereitungsdienst einer staatlichen oder kommunalen Verwaltung. Die Geschäftsstelle des Landespersonalausschusses erstellt nämlich nach Abschluss des Auswahlverfahrens eine Rangliste, in der alle Prüfungsteilnehmer entsprechend ihrem Gesamtergebnis (Platzziffer) aufgeführt sind. In der Bildung dieser Rangliste kommt der Wettbewerbscharakter des Auswahlverfahrens deutlich zum Ausdruck.

Bei gleichem Gesamtergebnis entscheidet die Note in der Auswahlprüfung über die Reihenfolge in der Rangliste; Bewerber mit gleicher Note in der Auswahlprüfung erhalten dann auch den gleichen Rang (= gleiche Platzziffer).

Nach der Berechnung des Gesamtergebnisses erhalten alle Bewerber für **staatliche** Verwaltungen, die dem Zuweisungsverfahren unterliegen, zusammen mit dem Prüfungszeugnis eine Mitteilung darüber, ob sie auf Grund der erreichten Platzziffer einer Verwaltung zugewiesen werden konnten oder nicht.
Der im Zulassungsantrag geäußerte Verwendungswunsch und die gewünschten Regierungsbezirke werden bei der Zuweisung nach Möglichkeit berücksichtigt.

Bewerber für staatliche Verwaltungen, die nicht dem Zuweisungsverfahren unterliegen, sowie Bewerber für eine **nichtstaatliche** Verwaltung werden jeweils von der zuständigen Einstellungsbehörde unterrichtet, ob das im Auswahlverfahren erzielte Gesamtergebnis dort für die Einstellung ausreicht.

Wiederholung des Auswahlverfahrens

Falls man erfolglos am Auswahlverfahren teilgenommen hat oder die Platzziffer für eine Einstellung nicht ausreicht, besteht die Möglichkeit, erneut am Auswahlverfahren teilzunehmen.

Das Auswahlverfahren hat grundsätzlich nur für das laufende Einstellungsjahr Gültigkeit. Das bedeutet, dass für einen Bewerber, der am Auswahlverfahren erfolgreich teilgenommen und eine Einstellungszusage erhalten hat, diese Zusage erlischt, wenn er erst ein Jahr später mit dem Vorbereitungsdienst beginnen möchte. In einem solchen Fall muss er sich im nächsten Jahr erneut dem Auswahlverfahren unterziehen.

Grundsätzliche Empfehlungen für die Arbeitsweise bei der Prüfung

Aufgabenstellung genau durchlesen

In vielen Fällen ist die Frage oder der Arbeitsauftrag bereits ein Teil der Aufgabe. Der Prüfungsteilnehmer soll zeigen, dass er Arbeitsanweisungen klar erfassen und sich genau daran halten kann.

Es ist deshalb wichtig, die Frage oder den Arbeitsauftrag zu Beginn jeder Aufgabe Wort für Wort durchzulesen. Man erfährt hier,
- unter welchen Gesichtspunkten man z. B. einen Text durchlesen soll,
- in welcher Form die Antwort gegeben werden soll,
- wie umfangreich die Lösung sein soll (z. B. „nicht länger als drei Sätze").

Anzahl der geforderten Lösungen beachten

Beispiel:

Mit **Parlamentarismus** können folgende Inhalte gemeint sein
(kreuzen Sie die **beiden** richtigen an):

der parlamentarische Betrieb überhaupt	☐
das Regierungssystem der parlamentarischen Demokratie	☐
das Streben nach Vormachtstellung des Parlaments	☐
das Vorhandensein verschiedener Parlamentsausschüsse	☐

Auch wenn die Anzahl der richtigen Lösungen nicht in Ziffern angegeben ist, gibt die Aufgabenstellung deutliche Hinweise:

Kreuzen Sie
- **die richtige** Lösung an, bedeutet **ein** Kreuz,
- **die beiden** richtigen Lösungen an, bedeutet **zwei** Kreuze,
- **x** richtige Antworten an, bedeutet **x** Kreuze.

Es ist aber darauf zu achten, dass nicht mehr Kreuze gemacht werden, als verlangt sind.

Wenn nur **ein** Kreuz zu setzen ist und man ein zweites einträgt, muss der Korrektor die Lösung mit null Punkten bewerten, da er ja annehmen muss, dass
a) der Arbeitsauftrag nicht verstanden wurde und
b) der Prüfling nicht genau weiß, welche Lösung nun die richtige ist.

Ähnliches gilt, wenn z. B. zwei oder mehr Lösungen richtig sind. In der Regel ist dann die Zahl der richtigen Lösungen angegeben. Jedes Kreuz, das über diese Zahl hinausgeht, führt zum Abzug von Punkten.

Beispiel:

Kreuzen Sie an, welche **vier** Reformen in Bayern in der **1. Hälfte** des 19. Jahrhunderts verwirklicht wurden.	Gleichberechtigung der Konfessionen	a) ☐
	Abschaffung des Königtums	b) ☐
	Bauernbefreiung	c) ☐
	Selbstständigkeit Frankens, Schwabens und Altbayerns	d) ☐
	Toleranz gegenüber den Juden	e) ☐
	Ein vom Volk unmittelbar gewähltes Parlament	f) ☐
	Verstaatlichung der Post	g) ☐

Die richtigen Lösungen sind a – c – e – g; angenommen, es ist zusätzlich noch b angekreuzt, so gibt es anstatt 4 nur 3 Punkte, genauso, wie wenn nur drei richtige Lösungen angekreuzt wären.

Hervorhebungen in einer Aufgabe beachten

Durch Hervorhebungen wie **Fettdruck** oder <u>Unterstreichung</u> erfährt man u. a.,
- wie die Lösung angegeben werden soll,
- wie viele Lösungen gefordert sind,
- welches der entscheidende Begriff in der Frage ist.

Beispiel:
Unterstreichen Sie in der nachstehenden Liste die **drei** europäischen Staaten, bei denen es sich um **Binnenländer** handelt, die also keinen unmittelbaren Zugang zum Meer besitzen.

Finnland – Polen – Luxemburg – Ungarn – Bulgarien – Portugal – Albanien – Belgien – Österreich – Irland

Mitunter sind in einer Frage **weniger** Lösungen verlangt als möglich.

Beispiel:
Nennen Sie **vier** der fünf Länder der Bundesrepublik Deutschland, in denen 20XX Wahlen zum Landesparlament stattgefunden haben.

Auf keinen Fall darf man mehr als die geforderte Anzahl nennen, auch wenn man glaubt, alle zu wissen. Denn es werden stets nur so viele Namen (der Reihe nach) gewertet, wie verlangt sind. Wenn also in der beschriebenen Aufgabe fünf Antworten gegeben wurden, von denen die zweite falsch ist, so erhält man nur 3 Punkte, obwohl alle vier richtigen Antworten vorhanden sind.

Die angegebene Punktezahl pro Aufgabe beachten

Die Punktezahl bei jeder Aufgabe kann auch ein Hinweis darauf sein, wie viel Zeit man für eine Aufgabe verwenden soll. Es lohnt sich nicht, bei einer Aufgabe lange zu verweilen, wenn es für die Lösung nur wenige Punkte gibt. Wenn einem die Lösung nicht rasch einfällt, sollte man solche Fragen zurückstellen und zuerst die Fragen bearbeiten, bei denen die zu erreichende Punktezahl höher liegt.

Eindeutig arbeiten

Für den Korrektor ist es wichtig, dass er die Absicht des Prüfungskandidaten eindeutig erkennt. Man muss also leserlich schreiben. Groß- und Kleinbuchstaben sollen z. B. klar voneinander zu unterscheiden sein.

Will man einen Buchstaben oder ein Wort **korrigieren,** dann ist das Falsche mit einem Strich durchzustreichen und die neue Lösung darüber oder dahinter zu setzen, z. B.

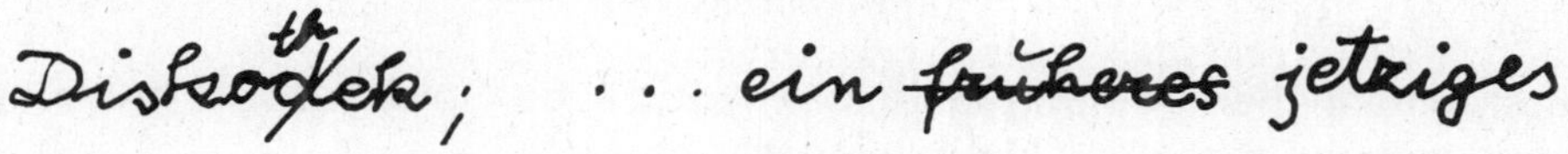

Fehlende Buchstaben, Wortteile usw. werden über den Text gesetzt und mit einem Zeichen eingeordnet, z. B.:

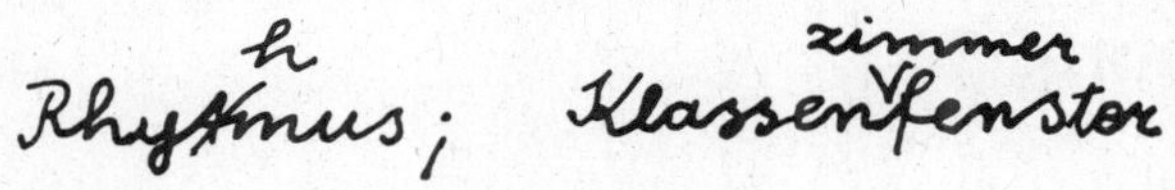

Ein „Negativbeispiel“ soll noch einmal verdeutlichen, worum es geht:

Der Prüfungsteilnehmer hat im Nachhinein die falsche Schreibweise erkannt und korrigiert wie folgt:

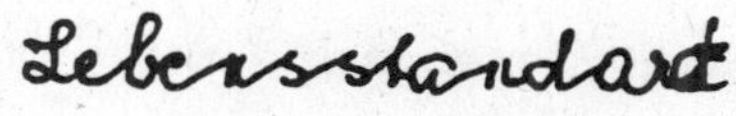

Für den Korrektor ist dies keine eindeutige Lösung; er wird solche Zweifelsfälle regelmäßig als Fehler werten. Hat man **eine falsche Lösung angekreuzt** und den Fehler bemerkt, dann sollte man auch jetzt eindeutig korrigieren, z. B.:

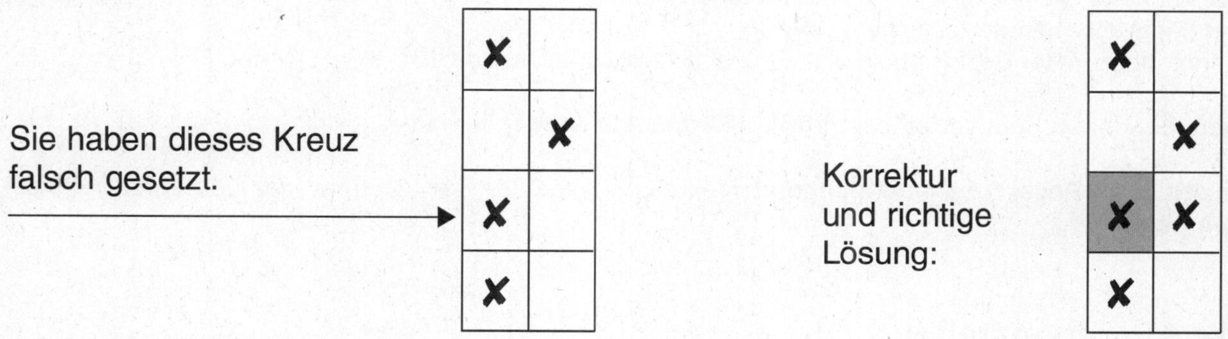

Sachlich präzise antworten

In der Regel sind die Fragen eindeutig gestellt. Bei anscheinend unpräzisen Fragen darf man annehmen, dass trotzdem eine präzise Antwort erwartet wird.

Beispiel:

Wo fand die endgültige Niederlage Napoleons statt?

Natürlich wären auch Antworten wie „in Europa“ oder „im heutigen Belgien“ grundsätzlich richtig. Die Antwort muss aber lauten „Waterloo“ oder „Belle-Alliance“, denn die übergeordneten Antworten sind nicht präzise genug.

Man sollte aber nie eine Frage unbeantwortet lassen, nur weil man nicht sicher ist, welche Antwort richtig ist.

Das vorgegebene Material aufbereiten

Wenn bei Aufgaben irgendwelches Material enthalten ist (z. B. Text, Karte, Statistik, Grafik o. Ä.), dann kann man dieses Material selbstverständlich mit Eintragungen, Unterstreichungen usw. versehen. Man darf auch bereits Bearbeitetes streichen (aber so, dass man es selbst, falls nötig, wieder lesen kann). Man sollte nur darauf achten, dass der für die Lösung vorgesehene Platz dafür auch freigehalten wird und die Lösung eindeutig als solche zu erkennen ist, sofern die Lösung im Material selbst einzutragen ist.

Achtung:
Die Prüfungsmaterialien bestehen aus zwei Teilen: einem Aufgabenteil und einem Lösungsbogen, auf dem in der Regel nur Platz für die Lösungen vorgesehen ist und die Aufgaben nicht noch einmal abgedruckt sind (siehe Prüfungsaufgaben im letzten Teil dieses Buches).
Bei den nun folgenden Aufgabenbeispielen zur deutschen Sprache und zur grundlegenden Allgemeinbildung sind die Aufgaben meist so gestellt, dass die Lösungen direkt bei der Fragestellung einzutragen waren.

AUFGABENSTELLUNGEN ZUR DEUTSCHEN SPRACHE

Achtung:
Aufgaben aus unterschiedlichen Prüfungsbereichen (deutsche Sprache und grundlegende Allgemeinbildung) können sich auf dieselben Materialien beziehen.

Was und wie wird geprüft?

Aus der bisherigen Aufgabenstellung für die Auswahlprüfung lassen sich drei verschiedene **Aufgabenbereiche** für das Fach Deutsch ableiten:

Aufgaben zum Textverständnis
Der Prüfungskandidat soll zeigen, dass er den **Sinn** und die **Absicht** eines vorgegebenen Textes verstanden hat.

Aufgaben, die sprachliche Grundfähigkeiten überprüfen
Sie befassen sich z. B.

- mit dem Grundwortschatz (gängige Fremdwörter eingeschlossen),
- mit der Fähigkeit, Begriffe zu ordnen oder zusammenzufassen,
- mit der Fähigkeit, sich einfach und klar auszudrücken,
- mit der Fähigkeit zu sprachlogischem Denken,
- mit Kenntnissen in der Rechtschreibung, Zeichensetzung und Grammatik.

Aufgaben, bei denen Sachverhalte schriftlich dargestellt werden sollen

Hier müssen in der Regel **zusammenhängende Texte** (z. B. eine Argumentation) ausgearbeitet und niedergeschrieben werden.

Art der Aufgabenstellung

Vorbemerkung:
Die Aufgaben zur deutschen Sprache werden zu den Bereichen Textverständnis – allgemeine Fertigkeiten – Textgestaltung gestellt. Hierfür können unterschiedliche Ausgangsmaterialien und verschiedene Aufgabentypen verwendet und immer wieder andere Teilkenntnisse verlangt werden. Die im Folgenden vorgestellten Aufgabenbeispiele stellen eine Sammlung aus einer ganzen Reihe von Prüfungsjahren dar, um einen breiten Überblick über bisher übliche Aufgabenarten und -inhalte zu geben.

Es lassen sich grundsätzlich nur zwei **Aufgabentypen** unterscheiden:

Aufgaben mit vorgegebener Lösung

Bei dieser Aufgabenstellung braucht man in der Regel kein einziges Wort niederzuschreiben; man muss vielmehr die **richtige Lösung erkennen** und dann

- etwas ankreuzen,
- etwas durchstreichen,
- etwas unterstreichen,
- Zahlen oder Buchstaben in leere Felder eintragen usw.

Aufgaben mit frei formulierten Antworten

Hier soll man selbst eine Lösung finden und sie dann **in eigenen Worten** auf das Prüfungsblatt schreiben.
Die kürzeste Lösungsform ist ein einziges Wort, z. B.

- die deutsche Übersetzung für ein Fremdwort oder
- ein Oberbegriff für eine Reihe zusammengehöriger Begriffe.

Es kann aber auch das Formulieren eines eigenen Textes, z. B. eines Arguments, verlangt werden.

WIE SO OFT IM LEBEN KOMMT ES AUCH HIER NICHT NUR AUF DEN INHALT, SONDERN AUCH AUF DIE „VERPACKUNG“ AN!

Aufgaben zum Textverständnis

Sinnerfassend lesen

Ob jemand einen Text versteht, lässt sich mit den verschiedensten Methoden überprüfen. Eine gebräuchliche Aufgabenart ist die **Auswahl-Antwort-Aufgabe,** die auch unter der Bezeichnung Multiple-Choice-Aufgabe bekannt ist.

Wie der Name schon sagt, sollen unter verschiedenen „Antworten“ eine oder mehrere ausgewählt werden, die genau das wiedergeben, was im Text steht.

Hierzu ein Beispiel:

Lesen Sie zunächst diesen Text aufmerksam durch:
„Werben oder Hausieren in den städtischen Krankenhäusern ist untersagt. Es könnte Sie beispielsweise ein so genannter ‚Unfallberater‘ am Krankenbett besuchen und dazu überreden wollen, ihm eine Schadensregulierung zu übertragen. Wir bemühen uns zwar, derartige Belästigungen von Ihnen fern zu halten; aber manchmal gelingt es dem einen oder anderen doch, bis ans Krankenbett vorzudringen. Rufen Sie bitte in einem solchen Fall jemand vom Pflegepersonal herbei, damit Sie unbehelligt bleiben.“

Kreuzen Sie jetzt an, welche der folgenden Antworten die Aussage des Textes wiedergibt.
Es ist nur **eine** Antwort richtig.

1. Wenn Sie nach einem Unfall im Krankenhaus liegen, leistet Ihnen ein „Unfallberater“ gute Dienste.	
2. In jedem Krankenhaus gibt es einen „Unfallberater“, der sich um die Schadens-regulierung kümmert, wenn verunglückte Patienten dies wünschen.	
3. „Unfallberater“ dürfen grundsätzlich keine Patienten in Krankenhäusern besuchen, um sich die Regulierung von Unfallschäden übertragen zu lassen.	
4. Gegen den Besuch von „Unfallberatern“ in Krankenhäusern ist nichts einzuwenden.	

Obwohl sich alle vier „Antworten“ mit dem gleichen Sachverhalt beschäftigen, kann man die letzte „Antwort“ ohne viel Zögern als völlig falsch erkennen; denn bereits die erste Zeile des Textes stellt eindeutig fest, dass Werben und Hausieren in (städtischen) Krankenhäusern verboten sind. Dass „Unfallberater“ in diesem Text zu den Werbern und Hausierern gerechnet werden, verrät das Wörtchen „beispielsweise“ im zweiten Satz.

Die erste Tätigkeit beim Lösen solcher Aufgaben wird folglich sein, festzustellen, welche „Antwort“ auf den ersten Blick und eindeutig als **falsch** zu erkennen ist.

So leicht machen es einem die „Tester“ allerdings in der Regel nicht. Sie suchen nach „Antworten“, die zunächst einmal ganz vernünftig klingen und den Prüfling auf eine falsche Spur führen sollen. Derartige „Antworten“ heißen deshalb auch „Distraktoren“. Der Name ist aus dem Englischen entlehnt, wo „distractor“ der „Verwirrer“ heißt.

Die Antworten Nummer 1 und 2 klingen beide durchaus vernünftig, wenn man sie als allein für sich stehende Aussagen betrachtet. Doch darüber sollte man gar nicht nachdenken. Entscheidend ist einzig und allein, dass dazu nichts **im Text** steht. Über den Sinn und Zweck von „Unfallberatern“ wird **im Text** kein Wort verloren, wohl aber darüber, dass „Unfallberater“ eine „Belästigung“ sind, die man von den Kranken „fern halten“ will. Damit ist der letzte Zweifel ausgeräumt: Antwort Nummer 3 ist richtig.

Bei der beschriebenen (leichtesten) Form von Auswahl-Antwort-Aufgaben ist nur **eine** unter mehreren Antworten richtig. Schwieriger wird die Angelegenheit schon, wenn man nicht mehr weiß, wie viele Antworten richtig sein könnten. In der Aufgabenstellung heißt es dann meistens: „Es können eine oder mehrere Antworten zutreffen.“ In solch einem Fall muss man den Text besonders sorgfältig lesen und sich genau überlegen, was nun **im Text** steht und was nicht.

Manchmal muss man durch das Ankreuzen entscheiden, ob eine Aussage auf den Text zutrifft oder nicht. Dann sind die Kreuze auch für die falschen Antworten einzusetzen; sonst gehen wertvolle Punkte verloren.

Schlüsse aus einem Text ziehen

Bei dem oben beschriebenen Aufgabentyp kann man mit etwas Glück auch die richtige Lösung erraten. Dies erschwert die nachfolgend beschriebene Aufgabenart deutlich. Außerdem verlangt sie mehr als nur die Fähigkeit, einen Text richtig zu lesen – man muss auch Schlüsse aus ihm ziehen können.

Land und Leute

Die rund 90 000 Einwohner des Landkreises Wunsiedel im Fichtelgebirge leben in 17 Städten, Märkten und Gemeinden. Etwas mehr als die Hälfte der Gesamteinwohner lebt in den großen Kreisstädten Selb und Marktredwitz und in der Kreisstadt Wunsiedel. Sechs Kleinstädte, drei Märkte und fünf Gemeinden sind die Heimat für ca. 40 000 Einwohner. Nach sprunghaftem Anstieg nach dem Zweiten Weltkrieg ging die Einwohnerzahl bis 1988 kontinuierlich zurück. Erst seit Wegfall der innerdeutschen Grenze und seit der Grenzöffnung zum östlichen Nachbarn Tschechien konnte eine deutliche Trendwende verzeichnet werden.

Auf diesen Textabschnitt bezieht sich die folgende Aufgabe:

1.1.1 **Abschnitt 1** (Zeilen 2–8):

A Die Einwohnerzahl der Stadt Wunsiedel ist etwa halb so groß wie die des Landkreises Wunsiedel.

B In Selb, Marktredwitz und Wunsiedel wohnen zusammen rund 50 000 Einwohner.

C Kurz vor der Wiedervereinigung der beiden deutschen Staaten hatte die Bevölkerungszahl im Landkreis Wunsiedel ihren niedrigsten Stand nach dem Zweiten Weltkrieg erreicht.

- ☐ Nur die Aussage A lässt sich ableiten.
- ☐ Nur die Aussage B lässt sich ableiten.
- ☐ Nur die Aussage C lässt sich ableiten.
- ☐ Alle Aussagen lassen sich ableiten.
- ☐ Nur die Aussagen A und B lassen sich ableiten.
- ☐ Nur die Aussagen A und C lassen sich ableiten.
- ☐ Nur die Aussagen B und C lassen sich ableiten.

4 P.

Bisher war es Ziel der Aufgabenstellung zu überprüfen, ob das, was im Text steht, richtig verstanden wurde. Nun geht es nicht nur um das Textverständnis allein, sondern auch darum, mit den Informationen, die der Text enthält, weiter zu arbeiten. Neu ist ferner, dass man nicht mehr bei jeder einzelnen Aussage durch Ankreuzen entscheiden muss, ob sie so im Text enthalten ist oder nicht. Jetzt verlangt die Aufgabenstellung nur noch eine einmalige Entscheidung, wie viele Aussagen zutreffen oder nicht.

Die formale Veränderung soll vor allem verhindern, dass Felder willkürlich angekreuzt und dabei Punkte erzielt werden, ohne dass dahinter eine Leistung stünde. Dadurch aber erhält die Aufgabe ein deutlich höheres Gewicht, weil mit einer einzigen Fehlentscheidung alle vier Punkte für eine Teilaufgabe verloren sind.

Die Arbeitsschritte zur Lösung der Aufgabe liegen auf der Hand: Es ist zunächst jede der jeweils drei Aussagen daraufhin zu überprüfen, ob sie sich aus dem Text ableiten lässt. Das erfordert nun eben nicht nur Leseverständnis, sondern auch „logisch-schlussfolgerndes und analytisches Denken“, wie es in der Prüfungsordnung heißt. Dies sei hier an den drei Aussagen zur obigen Aufgabe demonstriert:

Zu Aussage A: Im vorliegenden Textabschnitt erfährt man zwar, wie viele Einwohner der Landkreis Wunsiedel hat, es gibt aber keinerlei verwertbaren Hinweis auf die Einwohnerzahl der Stadt Wunsiedel. Folglich lässt sich die angebotene Aussage auch nicht ableiten.

Zu Aussage B: Die Aussage trifft zu. Für diese Erkenntnis benötigt man jedoch Informationen aus drei verschiedenen Sätzen, nämlich aus

- Satz 1: Der Landkreis Wunsiedel hat 90 000 Einwohner.
- Satz 2: In Selb, Marktredwitz und Wunsiedel zusammen leben etwas mehr als die Hälfte der Landkreiseinwohner (also mindestens 45 000 Einwohner).
- Satz 3: Die restlichen Gemeinden des Landkreises haben zusammen 40 000 Einwohner.

Erst wenn man die Aussagen der Sätze 1, 2 und 3 in Beziehung setzt, ergibt sich: Selb, Marktredwitz und Wunsiedel haben zusammen 50 000 Einwohner.

Zu Aussage C: Auch diese Aussage lässt sich ableiten, und zwar aus

- Satz 4: Abnahme der Einwohnerzahl bis 1988,
- Satz 5: „Trendwende“ (= neuer Anstieg der Einwohnerzahl) seit Wegfall der innerdeutschen Grenze.

Erst jetzt ist es möglich, das letzte der angebotenen sieben Felder anzukreuzen und damit die Aufgabe richtig zu lösen: Nur die Aussagen B und C lassen sich ableiten.

Die eben beschriebene Aufgabenstellung wird auch im Prüfungsteil 2 (Grundlegende Allgemeinbildung) eingesetzt, und zwar für die Analyse nicht nur von Texten, sondern auch von Tabellen und Grafiken.

Einzelne deutsche Wörter erklären

Beispiel:

Im Folgenden finden Sie eine Liste von Wörtern aus dem Text „Schutz von Natur und Landschaft . . .“. Ersetzen Sie jedes dieser Wörter durch ein anderes deutsches Wort (oder eine deutsche Wortgruppe) mit möglichst gleicher Bedeutung, und zwar so, dass es sich in den Text einfügen lässt.

Textzeile	zu ersetzendes Wort	Lösung
24	Angehörigen	
26	nachhaltig	

Auszug aus dem Text:

> Die Sicherung geeigneter Lebensräume, sog. Biotope, ist vorwiegend Aufgabe der staatlichen Naturschutzbehörden. Zu diesem Zweck werden wertvolle Landschaftsräume als Schutzgebiete ausgewiesen. Private Naturschutzorganisationen kaufen mit Staatszuschüssen Grundstücke mit Vorkommen bedrohter Pflanzenarten auf. Die im Auftrag des Bayerischen Staatsministeriums für Landesentwicklung und Umweltfragen und des Bayerischen Landesamtes für Umweltschutz durchgeführte und inzwischen weitgehend abgeschlossene Kartierung schutzwürdiger Biotope liefert hierfür wichtige Grundlagen. Viele dieser Biotope bedürfen zur Erhaltung einer wirksamen Überwachung und regelmäßigen Pflege. Bei dieser wichtigen Aufgabe werden die Naturschutzbehörden von den Angehörigen der Naturschutzwacht und privaten Organisationen wie dem Bund Naturschutz in Bayern e. V., der Bergwacht, der Wasserwacht oder dem Landesbund für Vogelschutz e. V. nachhaltig unterstützt.

Zwei Bedingungen sind hier besonders zu berücksichtigen:

1. Es muss sich um ein **deutsches** Ersatzwort handeln.
2. Das Ersatzwort muss sich **in den Text** einfügen, darf also den Sinn nicht verändern.

Hierzu ein Beispiel:

Das Wort ,,Angehörige" (aus der Zeile 24) lässt sich durch „Verwandte" ersetzen, wenn man den sonstigen Text nicht berücksichtigen muss. Die Lösung wäre jedoch falsch, da sie im Text keinen Sinn ergibt. Eine richtige, weil in den Text passende Lösung ist dagegen das Wort „Mitglieder", das allerdings noch in die richtige grammatische Form gebracht werden muss. Es ist also als Lösung „Mitgliedern" einzutragen; denn grammatisch falsche Formen führen zu Punktabzug.

Fremdwörter aus dem Text erklären

Nicht immer sind es deutsche Wörter, die aus dem Textzusammenhang erklärt werden sollen. In den letzten Prüfungsjahren waren es die im Basistext enthaltenen Fremdwörter, deren richtige Bedeutung in einer jeweils vierteiligen Angebotsliste angekreuzt werden musste.

Beispiel:

> Es klingt paradox: Uralte Bücher leben länger als alte oder sogar neue. Der „Säurefraß" in den Bibliotheken bedroht inzwischen Abermillionen Bände rund um den Globus. Es handelt sich dabei um eine Art Zeitbombe, die mit der Papierherstellung zu ticken beginnt. Bücher aus dem 19. und 20. Jahrhundert bestehen aus Papier, das mit Hilfe von Aluminiumsulfat produziert wurde. Das damit im Papier enthaltene Alaun, ein Salz, das schon die alten Ägypter kannten, wird – je nach Lagerung – zu Schwefelsäure und frisst die Papierfasern auf. Bildlich gesprochen hält der Leser dann beim Umblättern Papierbrösel in den Händen.
>
> Nun liegen über den „Krankenstand" in Bayerns Bibliotheksmagazinen exakte Zahlen vor, die auf einer Untersuchung der Generaldirektion der Bayerischen Staatlichen Bibliotheken beruhen, die im Vorjahr durchgeführt wurde. Die Erhebung der durch „Säurefraß" bzw. „Papierzerfall" verursachten Schäden brachte einen positiven und einen negativen Aspekt. Zuerst zum Positiven: Die bayerischen Bibliotheken blieben „an der unteren Grenze der nach internationalen Schätzungen angenommenen Anteile von gefährdeten Beständen am Gesamtbestand einer Bibliothek"; die Schätzungen weltweit reichten von 19 bis 97 Prozent.
>
> Bedenklich muss freilich stimmen, dass immerhin auch in Bayern jedes sechste Buch in einer staatlichen Bibliothek gefährdet bzw. geschädigt ist. Das sind bei 34 Millionen Bänden in der Bayerischen Staatsbibliothek, in den Universitäts- und Fachhochschulbüchereien und in regionalen staatlichen Bibliotheken immerhin gut 6 Millionen Bände. Es kommt noch schlimmer: Als „schwer geschädigt", das heißt mit bereits brüchigem Papier und nicht mehr konservierbar, wurden 2,86 Millionen Bände (8,4 Prozent) eingestuft. Will man ihren Inhalt der Nachwelt bewahren, müssen sie auf Film aufgenommen werden.

1.3 **Bedeutung von Fremdwörtern**
Alle nachstehenden Fremdwörter werden im Text verwendet.
Kreuzen Sie die jeweils richtige Bedeutung des Fremdwortes im Sinnzusammenhang an.

z. B.	**Prozent**	Zeile 20	Zehntel		Hundertstel	X	Tausendstel		Millionstel	

Fremdwort	**Zeile**	**Bedeutung des Fremdworts**							
paradox	1	befremdlich		widersinnig	X	irreführend		unverständlich	
Bibliotheken	2	Buchhandlungen		Buchausstellungen		Büchereien	X	Verlage	
produziert	4	erzeugt	X	ausgestellt		verbessert		verstärkt	
exakte	8	geschätzte		gerundete		gesicherte		genaue	X
Aspekt	11	Anschauung		Stellungnahme		Gesichtspunkt	X	Widerspruch	
internationalen	12	zwischen-staatlichen		in mehreren Staaten durchgeführten	X	im Inland durchgeführten		überstaatlichen	
regionalen	17	inner-bayerischen		auf ein Gebiet Bayerns bezogenen	X	auf ganz Bayern bezogenen		über Bayern hinaus wirkenden	
konservierbar	19	speicherbar		einweckbar		haltbar zu machend	X	auf Mikrofilm übertragbar	

Falls man die Wortbedeutung nicht ohnehin kennt, hilft oft eine einfache Ersatzprobe weiter: Man kann sich den Text aus der angegebenen Zeile mit jeder der angebotenen Übersetzungen vorstellen – und die richtige Lösung wird einem möglichweise regelrecht entgegenspringen.

Zentrale Textaussagen erklären

Bei diesem Aufgabentyp wird verlangt, Fragen zu einem Textabschnitt entweder durch ein Zitat aus dem Text oder in einer eigenen Formulierung zu beantworten.

Hierzu ein Beispiel:

Abschnitt 1

Sport hatte in diesem Jahr einen besonderen Öffentlichkeitswert. Medien berichteten intensiv schon im Vorfeld über die Fußballweltmeisterschaft, die allein in Deutschland Millionen Menschen in ihren Bann zog. Es war eine tolle Sache, dass dieses Ereignis in unserem Land stattfand. Dieses sollte aber den Blick nicht dafür verstellen, dass Sport im eigentlichen Sinn woanders stattfindet als in den modernen „Zirkusarenen", die Allianz-Arena, AOL-Arena, easyCredit-Stadion oder Signal Iduna Park heißen.

Abschnitt 2

Sport findet täglich in den Schulen, in Vereinen, in freien Gruppen oder bei der großen Zahl der Läufer, Skifahrer oder Schwimmer statt, die Sport als Bewegung und nicht als Zuschauer im Sessel erleben. Allein in Bayern sind 4,3 Millionen Bürger, also etwas mehr als ein Drittel der Bevölkerung, in den Vereinen des Bayerischen Landessportverbands organisiert. Rund 390 000 Ehrenamtliche tragen in ihrer Freizeit dazu bei, dass die Vereine mit Leben erfüllt werden. Knapp 83 000 ausgebildete Übungsleiter sorgen dafür, dass die Sportler fachlich betreut werden. Diese Sportvereine sind wichtige Bestandteile der Gesellschaft, auch wenn sie nicht täglich mit Schlagzeilen aufwarten.

Frage zu Abschnitt 1: Was versteht der Verfasser unter „Sport im eigentlichen Sinn"?

Frage zu Abschnitt 2: Welche Kritik ist im ersten Satz des zweiten Abschnitts versteckt?

Die Gänsefüßchen (Anführungs- und Schlusszeichen) in der ersten Frage deuten darauf hin, dass es sich hier um ein wörtliches Zitat aus dem ersten Abschnitt handelt. Der letzte Satz des ersten Abschnitts, in dem sich das Zitat findet, verrät allerdings nur, was der Verfasser des Textes *nicht* unter „Sport im eigentlichen Sinn" versteht, nämlich Fußball in den modernen Großarenen. Erst im Einleitungssatz des zweiten Abschnitts wird dem Leser klar, wo und wie nach Ansicht des Verfassers der „eigentliche“ Sport stattfindet: *Die Menschen sollen beim Sport selbst aktiv werden* – und das genügt auch schon als richtige Antwort.

Die zweite Frage bezieht sich genau auf diesen ersten Satz des zweiten Abschnitts, in dem sehr direkt angesprochen wird, was den Verfasser an der Sportbegeisterung vieler Zeitgenossen stört. Als Antwort genügen hier ein paar Stichwörter, z. B. *„passiver Fernsehkonsum, statt aktiver sportlicher Betätigung“.* Man kann aber auch einen ganzen Satz niederschreiben, z. B. *„Im Text wird kritisiert, dass viele Menschen Sport nur am Fernsehgerät erleben.“*

Überschriften formulieren

Bei dieser Aufgabe sollen Texte bzw. Textteile in der äußerst knappen Form von Überschriften zusammengefasst werden. Wie man dabei vorgehen kann, soll das folgende Beispiel zeigen.

Textvorlage

Am einfachsten lassen sich die Ursachen für Afrika darstellen. Die begrenzten Reichtümer von Staaten wie dem der Mossi (die, verglichen mit denen der asiatischen Staaten, bescheiden waren) gründeten sich nicht auf den produktiven Wohlstand aus Landwirtschaft und Industrie. Sie waren Marktreiche, wie der Historiker Michael Crowder sie genannt hat. Sie lagen an der wichtigsten Handelsroute quer durch die Sahara von Nordafrika zur Küste von Guinea, und ihre Einkünfte stammten hauptsächlich daher, dass sie einen gewissen Prozentsatz des Handels für sich abschöpften. Gold, Sklaven und Elfenbein gingen nach Norden, Salz, Pferde, Perlen und Tuche kamen zum Tausch in den Süden.

Der Hauptgrund für die Unterentwicklung damals und in gewissem Maße auch heute ist das Fehlen eines nennenswerten landwirtschaftlichen Mehrprodukts über die Lebensbedürfnisse der Bauern hinaus. Und dies wiederum ist zurückzuführen auf die Unfruchtbarkeit des Bodens und den primitiven Entwicklungsstand der landwirtschaftlichen Technologie. Lange Brachperioden ließen immer drei Viertel des Landes ungenutzt. Der Pflug war unbekannt, der Hackstock war das fortschrittlichste Werkzeug, das sie benutzten. Es gab keinen Fruchtwechsel, Vieh- und Ackerwirtschaft waren getrennt. All dies ist weder ein Verdienst noch eine Schande. Ihre Technologie war nicht weiter fortgeschritten, weil es für sie keine solche Notwendigkeit gab. Die Bevölkerung war spärlich, es gab genügend Land, und die Produktion entsprach den Bedürfnissen der Menschen. Somit gab es in Afrika nicht die entfernteste Aussicht auf Entstehung einer industriellen Zivilisation. Ganz anders in Asien.

China war bis ungefähr ins 16. Jahrhundert auf wichtigen technischen Gebieten weiter fortgeschritten als Europa. Die Chinesen druckten schon 1050, vierhundert Jahre vor Gutenbergs erster gedruckter Bibel, mit beweglichen Lettern. Schon um 1200 gab es große Eisenschmelzöfen, an denen bis zu fünfhundert Mann beschäftigt waren. Im 17. und 18. Jahrhundert existierten zahlreiche Voraussetzungen für industrielle Fertigung: automatische wasserangetriebene Maschinen, hohe Kapitalkonzentration in den Händen von Kaufleuten, ja sogar einige große Fabriken mit hohen Beschäftigtenzahlen. Dennoch entwickelte sich keine Industrie, und im 19. Jahrhundert waren die Chinesen ein von fremden und zudem sehr viel kleineren Nationen beherrschtes Volk.

Das entscheidende Hindernis für die Entstehung einer großen Industrie in Asien war wahrscheinlich die Institution der orientalischen Despotie. Der Politikwissenschaftler Karl Wittfogel hat die Theorie vertreten, dass bürokratische Tyrannenreiche als Folge der Probleme in trockenen und halbtrockenen Zonen entstehen, wo die Hauptaufgabe darin besteht, die knappen Wasservorräte für die Landwirtschaft zu sammeln. Dämme und Kanäle müssen gebaut werden, um das Wasser zu verteilen, zu erhalten und zu kontrollieren. Dazu wird eine zentrale Autorität benötigt, die über die Macht verfügt, große Arbeitsheere zu befehligen. Um sie zu organisieren, die verschiedenen Installationen zu unterhalten und den Staat zu verteidigen, braucht der orientalische Despot unbedingt eine ungewöhnlich effektive Bürokratie, große wohlausgerüstete Heere und alles umfassende Nachrichtennetze, und all dies verschlingt den größten Teil des landwirtschaftlichen Mehrprodukts.

Es gab jedoch noch einen Faktor, der China an einer weiteren Entwicklung hinderte. Dem Wirtschaftshistoriker Mark Elvin zufolge war dies der unerbittliche Druck einer für das vorhandene Land riesigen Bevölkerung. China konnte die landwirtschaftliche Revolution, die Westeuropa erlebte, nicht durchmachen. Diese gründete sich auf die Mischung von Ackerbau und Viehzucht, und dafür gab es in China nicht genügend Weideland in fruchtbaren Gebieten. Landwirtschaftliche Verbesserungen waren weitgehend auf die intensive Nutzung von menschlicher Arbeitskraft und natürliche Düngematerialien beschränkt. In dem Maße, wie die Bevölkerung wuchs, nahm deshalb die landwirtschaftliche Produktion pro Person ab, und damit waren auch die Möglichkeiten einer frühzeitigen Industrialisierung gering.

Formulieren Sie **Überschriften,** die den Inhalt treffen.

Für den gesamten Text: ______________________________

____

Für den Abschnitt 1 (Zeile 1–8): ______________________________

____

Für den Abschnitt 2 (Zeile 9–19): ______________________________

____

Für den Abschnitt 3 (Zeile 20–27): ______________________________

____

Für den Abschnitt 4 (Zeile 28–38): ______________________________

____

Für den Abschnitt 5 (Zeile 39–47): ______________________________

____

Der fett gedruckte Hinweis in der Aufgabenstellung („Überschriften") zeigt deutlich, was hier verlangt wird, nämlich möglichst knappe Formulierungen, die einen Text oder einen Textteil so zusammenfassen, dass sie einem „eiligen" Leser trotz aller Kürze die wichtigsten Informationen über den Inhalt geben.

Als Erstes ist nach einer **Hauptüberschrift** gefragt, die für den ganzen Text gilt. Eine solche Überschrift sollte das Thema des Textes (in der Aufsatzlehre spricht man vom „Themabegriff") nennen und angeben, unter welchen Gesichtspunkten („Einschränkungen") es abgehandelt wird. Dass in der Textvorlage die Rede von „Unterentwicklung" ist, wird spätestens dann klar, wenn man beim Lesen in Zeile 9 angekommen ist. Es geht um „Ursachen" (Zeile 1) „für die Unterentwicklung" (Zeile 9). Folglich könnte die Überschrift für den ganzen Text lauten: „Ursachen für die Unterentwicklung". Wer oder was aber unterentwickelt ist, sagt diese Überschrift nicht aus. Es fehlen die beiden Kontinente, die in dem Gesamttext die Hauptrolle spielen, nämlich Afrika und Asien. Eine informative Überschrift wird demnach so lauten: „Ursachen für die Unterentwicklung in Afrika und Asien."
Für die **Teilüberschriften** kann der erste Satz eines jeden Textabschnitts die Stichwörter liefern; denn bei informierenden Texten bietet der Einleitungssatz häufig die Überblicksinformation. Es genügt also durchaus, den jeweils ersten Satz der einzelnen Kapitel in eine schlagwortartig formulierte Überschrift umzusetzen. Dieser Rat muss allerdings für den ersten Textabschnitt eingeschränkt werden. Er bezieht sich auf eine Aussage, die offen-

bar schon eine Seite weiter vorher gemacht wurde (es handelt sich ja um einen Ausschnitt aus einem Buch). Damit ist der erste Satz des vorliegenden Textes eigentlich die Überleitung von einer Buchseite auf die nächste. Die für die Abschnittsüberschrift wichtige Information erhält man deshalb erst im zweiten und dritten Satz.

Lösung:

Für den gesamten Text:	**Ursachen für die Unterentwicklung der Entwicklungsländer (o. Ä.)**
Für den Abschnitt 1 (Zeile 1–8):	**Die afrikanischen Marktreiche (o. Ä.)**
Für den Abschnitt 2 (Zeile 9–19):	**Ursachen für die unterbliebene Industrialisierung (o. Ä.)**
Für den Abschnitt 3 (Zeile 20–27):	**Voraussetzungen für eine Industrialisierung Chinas (o. Ä.)**
Für den Abschnitt 4 (Zeile 28–38):	**Die orientalischen Despotenreiche (o. Ä.)**
Für den Abschnitt 5 (Zeile 39–47):	**Ursachen für die Unterentwicklung Chinas (o. Ä.)**

Eine geeignete Überschrift auswählen

Beispiel:

Es klingt paradox: Uralte Bücher leben länger als alte oder sogar neue. Der „Säurefraß" in den Bibliotheken bedroht inzwischen Abermillionen Bände rund um den Globus. Es handelt sich dabei um eine Art Zeitbombe, die mit der Papierherstellung zu ticken beginnt. Bücher aus dem 19. und 20. Jahrhundert bestehen aus Papier, das mit Hilfe von Aluminiumsulfat produziert wurde. Das damit im Papier enthaltene Alaun, ein Salz, das schon die alten Ägypter kannten, wird – je nach Lagerung – zu Schwefelsäure und frisst die Papierfasern auf. Bildlich gesprochen hält der Leser dann beim Umblättern Papierbrösel in den Händen.

1.2.2 Für den ersten Textabschnitt (Zeilen 1–7):

- ☐ Säurefraß bei Büchern – schon bei den alten Ägyptern ein Problem
- ☐ Aluminiumsulfat zerstört Millionen von Büchern
- ☐ Lebensdauer von Büchern entscheidet sich bereits bei der Papierherstellung
- ☐ Papierbrösel statt Bücherseiten – ein Problem unseres Jahrhunderts

Dies ist eine Variante bei der „nur" eine richtige aus vier angebotenen Lösungsmöglichkeiten angekreuzt werden muss. Doch auch das hat seine Tücken, da die falschen Lösungen meist nicht auf den ersten Blick zu erkennen sind.

Ausgangspunkt für die Suche nach der richtigen Lösung kann die Überlegung sein, dass die nicht geeigneten Überschriften neben richtigen Elementen immer auch einen Fehler enthalten, wie die folgende Analyse der obigen Aufgabe zeigt:

Überschriftmöglichkeit 1: Falsch, da im Textabschnitt zwar steht, dass die alten Ägypter das für das Papier gefährliche Alaunsalz kannten, dem Text aber nicht zu entnehmen ist, ob sie es zur Papierherstellung einsetzten.

Überschriftmöglichkeit 2:	Falsch, da laut Text nicht das Aluminiumsulfat die Bücher zerstört, sondern Schwefelsäure, die sich aus Alaun bildet (das wiederum eine Folge der Verbindung ist, die das Aluminiumsulfat mit im Papierbrei enthaltenen Schwermetallen eingeht – Letzteres steht allerdings überhaupt nicht im Text).
Überschriftmöglichkeit 3:	Richtig – siehe Satz 3 im zitierten Textabschnitt!
Überschriftmöglichkeit 4:	Falsch, da das Problem laut Satz 4 des Textabschnitts bereits im 19. Jahrhundert auftauchte.

Aufgaben, die sprachliche Grundfähigkeiten überprüfen

Grundwortschatz

Beispiel:

Ordnen Sie jedem Begriff in der ersten Spalte einen Begriff in der zweiten Spalte zu, so dass jeweils ein Gegensatzpaar entsteht.

Tragen Sie dazu in die Leerfelder die entsprechende Ziffer aus der ersten Spalte ein.

①	real	○	unbedenklich
②	begründet	○	verspätet
③	gefährlich	○	ausgeglichen
④	vorzeitig	○	geschützt
⑤	praktisch	○	unwirklich
⑥	stickig	○	theoretisch
⑦	wehrlos	○	willkürlich
⑧	großzügig	○	ausdauernd
⑨	kurzatmig	○	frisch
⑩	nervös	○	kleinlich

Schwer ist diese Aufgabe sicher nicht, doch wenn man sich nicht gut genug konzentriert, könnte man leicht eine Kettenreaktion auslösen: Ein Fehler zieht oft eine ganze Reihe anderer nach sich.

Ganz systematisch muss man sich das erste Wort in der linken Spalte vornehmen und die rechte Spalte Wort für Wort überprüfen. Was passt am besten zum ersten Adjektiv (Eigenschaftswort)? Ist man sich ganz sicher, ein geeignetes Wort gefunden zu haben, trägt man die Ziffer 1 in das leere Feld vor dem Wort in der rechten Spalte ein. Kann man sich noch nicht so recht festlegen, dann verschiebe man die Entscheidung – vielleicht löst sich das Problem am Ende ganz von alleine.

Auf diese Weise ist mit jedem Wort der linken Spalte zu verfahren. Nach dem ersten Durchgang bleiben eventuell noch Lücken in der rechten Spalte. Möglicherweise hilft eine Umkehrung des Verfahrens weiter: Man merkt sich das Wort aus der rechten Spalte und sucht links nach, ob sich ein passender Gegensatz findet.

Zum Schluss muss noch überprüft werden, ob rechts auch alle Zahlen von 1–10 eingetragen sind oder ob nicht eine Zahl doppelt auftaucht und dafür eine andere fehlt.

Nicht immer wird bei Aufgaben dieser Art nach Wörtern gefragt, die den gegensätzlichen Sachverhalt ausdrücken, sondern nach Wörtern, die **in etwa den gleichen Sachverhalt** wiedergeben. Deshalb sollte man die Arbeitsanweisung stets genau lesen.

Beispiel:

Ordnen Sie jedem Eigenschaftswort (Adjektiv) in der rechten Spalte ein Eigenschaftswort aus der linken Spalte zu, das in etwa den gleichen Sachverhalt ausdrückt.

Tragen Sie dazu in die Leerfelder die entsprechende Ziffer aus der linken Spalte ein.

1	prunkvoll		leidenschaftlich
2	karg		oberflächlich
3	ekelhaft		sauber
4	kurzweilig		aufwendig
5	erlaubt		unzulänglich
6	nachlässig		verletzt
7	gängig		statthaft
8	gekränkt		widerlich
9	hygienisch		üblich
10	grundlos		dürftig
11	herkömmlich		unterhaltend
12	hurtig		ungerechtfertigt
13	engagiert		flink
14	mangelhaft		überliefert

Bedeutung von Fremdwörtern

Beispiel:

Unterstreichen Sie die jeweils zutreffende Erklärung für die Fremdwörter in der linken Spalte.
Es ist immer nur **eine** Lösung richtig.

Akkord	Fließbandarbeit	Musikinstrument	Stücklohn	Höchstleistung
Bankett	Filiale einer Bank	Blumengebinde	Straßenrand	kleines Sitzmöbel
Chanson	Lied	Wechsel	Gelegenheit	Schallplattenwechsler
Dekor	Preisnachlass	Schaufensterfront	Wiederholung	Verzierung
Effekt	angeschnittener Ball	Wirkung	Beamter	Voraussetzung

Es gibt grundsätzlich zwei Lösungsverfahren:

1. Die Wortbedeutung ist bekannt:
Dann ist unter den angebotenen Begriffen der am besten passende herauszusuchen.

2. Die Wortbedeutung ist nicht bekannt:
Dann hilft vielleicht folgendes Verfahren weiter: Man sollte sich überlegen, ob einem zu den angebotenen Erklärungen ein ähnlich klingendes Fremdwort einfällt; dann kommt diese Erklärung nicht als Lösung in Frage. Hierzu gleich ein Beispiel:

Akkord – ist das nun Fließbandarbeit,
ein Musikinstrument,
Stücklohn oder
eine Höchstleistung?

Für „Höchstleistung“ kennt man sicher den „Rekord“, für „Musikinstrument“ das „Akkordeon“. Bleiben also noch „Fließbandarbeit“ und „Stücklohn“. Mit der Arbeit hat beides zu tun; man sagt, jemand arbeitet „im Akkord“, und meint damit, dass sich sein Arbeitslohn nach der von ihm produzierten Stückzahl richtet. Folglich ist „Stücklohn“ hier die richtige Lösung.
Leider gibt es ohne ein bestimmtes Grundwissen kein absolut sicheres Lösungsverfahren. Durch die aufgezeigten Überlegungen lässt sich jedoch die Fehlerwahrscheinlichkeit erheblich einschränken, auch wenn man sich letztlich in einigen Fällen auf das Raten beschränken müsste.

Begriffe zusammenfassen und ordnen

Beispiel:

Suchen Sie für jede der folgenden Wortreihen den nächsten Oberbegriff.

Habicht – Bussard – Eule – Sperber – Steinadler

Oberbegriff: ______________________________

Es geht immer noch um den Grundwortschatz, genauer gesagt, um die Fähigkeit, Begriffe unter Oberbegriffen zusammenzufassen.
Wie der Name schon ausdrückt, handelt es sich bei Oberbegriffen um übergeordnete, alles Untergeordnete umfassende Begriffe. Wenn man also bei dieser Aufgabe für „Habicht – Bussard – Eule – Sperber – Steinadler“ einen Oberbegriff finden soll, könnte man durchaus auch „Lebewesen“ schreiben. Damit wäre jedoch die Aufgabe nicht gelöst; denn gefordert ist der nächste Oberbegriff. Im Grunde genommen gibt es nicht den einen Oberbegriff, sondern häufig ein ganzes System, das sich immer weiter verzweigt, wie am Beispiel der „Lebewesen“ leicht zu sehen ist:

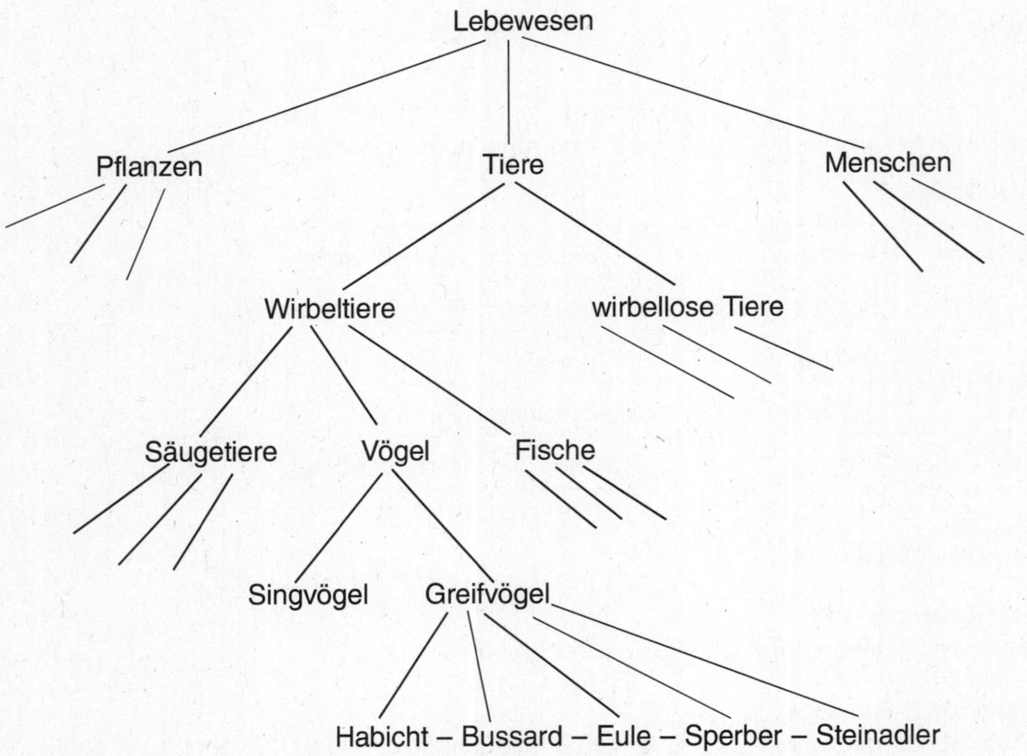

In diesem System ist der Begriff „Greifvögel“ (oder auch „Raubvögel“) der geforderte nächste Oberbegriff.

Aufgabenvariante:

> Streichen Sie den jeweils **nicht** in die Wortreihe passenden Begriff durch.
>
> Badeverordnung – Verkehrsregeln – Bauvorschriften – Gebrauchsanweisung

Nun soll entschieden werden, welches Wort nicht in die Begriffsreihe passt. Hierzu muss man sich zwei Fragen stellen:
- Was haben die meisten Begriffe in einer Reihe gemeinsam?
- Welcher Begriff weist eine wichtige Gemeinsamkeit nicht auf?

Beispiel: „Badeverordnung – Verkehrsregeln – Bauvorschriften – Gebrauchsanweisung“
Die Gemeinsamkeit ist offenkundig: Bei allen vier Begriffen handelt es sich um Verhaltensregeln. Allerdings beziehen sich nur die ersten drei Begriffe auf den öffentlichen Bereich; Verstöße haben in der Regel Auswirkungen auf andere, auf die Gemeinschaft. Wer sich nicht an eine Gebrauchsanweisung hält, den betreffen die Folgen meist nur selbst. Folglich passt dieser Begriff nicht in die Reihe.

Satzteile zu Nebensätzen umformen

Beispiel:

> Formulieren Sie jeden der folgenden Sätze so um, dass **die unterstrichene Formulierung** durch einen Nebensatz ersetzt wird.
> ...
> ...
> <u>Wegen Verhinderung aus dienstlichen Gründen</u> konnte der Zeuge den Termin nicht wahrnehmen.

Ein Nebensatz (oder auch Gliedsatz) zeichnet sich dadurch aus, dass er
- für sich alleine keinen Sinn ergibt,
- durch ein Bindewort oder ein bezügliches Fürwort eingeleitet wird,
- durch ein Zeitwort abgeschlossen und
- durch Kommas vom Hauptsatz abgetrennt wird.

Gewisse Satzglieder lassen sich in Gliedsätze umwandeln und umgekehrt, wobei es oft eine Frage des Sprachgefühls ist, welche Möglichkeit sich besser anhört. Man kann z. B. sagen: „Wegen Verhinderung aus dienstlichen Gründen konnte der Zeuge den Termin nicht wahrnehmen."

Man kann aber auch die unschöne „Verhinderung" durch einen Nebensatz ausdrücken und sagen: „Weil (da) der Zeuge aus dienstlichen Gründen verhindert war, konnte er den Termin nicht wahrnehmen" und hat damit schon die Aufgabe gelöst, für die es insgesamt drei Möglichkeiten gibt:

„Weil (da) der Zeuge aus dienstlichen Gründen verhindert war, konnte er den Termin nicht wahrnehmen."

„Der Zeuge konnte, weil (da) er aus dienstlichen Gründen verhindert war, den Termin nicht wahrnehmen."

„Der Zeuge konnte den Termin nicht wahrnehmen, weil (da) er aus dienstlichen Gründen verhindert war."

Der Unterschied besteht nur in der Stellung des Nebensatzes zum Hauptsatz (Anfangsstellung – Zwischenstellung – Schlussstellung). Man braucht jeweils nur eine Lösung niederzuschreiben, sollte dabei aber berücksichtigen, dass je nach Stellung des Nebensatzes die Kommasetzung verschieden ist. Falsch gesetzte Kommas können zu Punktabzug führen.

Treffende Verben einsetzen

Beispiel:

Ordnen Sie jedem der folgenden Sätze jenes Zeitwort (Verb) aus der unten stehenden Liste zu, das am treffendsten den Sachverhalt wiedergibt. Jedes Zeitwort kann nur einmal verwendet werden. Achten Sie dabei darauf, dass der Satz grammatisch nicht verändert werden darf.

Sie bittet um unsere Unterstützung, die wir ihr zusagen.

Sie ______________________________ sich unserer Hilfe.

Sie möchte allein gelassen werden.

Sie will sich ______________________________

Sie will mit ihren Freunden nichts mehr zu tun haben.

Sie ______________________________ sich mit ihren Freunden.

Sie möchte alle Risiken ausschließen.

Sie will sich ______________________________

Diese Aufgabe übersteigt ihre Möglichkeit.

Sie ______________________________ sich mit dieser Aufgabe.

Sie wendet einen guten Stil an.

Sie ______________________________ sich eines guten Stils.

Sie hat für dieses Vorgehen einzustehen.

Sie muss sich für dieses Vorgehen ______________________________

Sie kommt nicht umhin, ja dazu zu sagen.

Sie wird sich dazu wohl ______________________________

Es wird von ihr verlangt, nicht weiter aus der Reihe zu tanzen.

Sie wird sich ______________________________ müssen.

Verbindliche Auswahl an Zeitwörtern (Verben):

absichern, absondern, anpassen, befleißigen, befreien, beipflichten, beistehen, bemitleiden, bereit finden, bestätigen, bewahren, entsetzen, erdreisten, übernehmen, überwerfen, unterstehen, unterstellen, verantworten, versichern.

Lösungshinweise

Die Aufgabe überprüft die Fähigkeit, einen etwas umständlich dargestellten Sachverhalt mit einem einzigen, treffenden Verb auszudrücken. Dieses Verb muss aus der unter den Einzelaufgaben stehenden Wortliste entnommen werden – setzt man andere, durchaus passende Verben ein, hat man die Aufgabe nicht gelöst.

Zweifellos gibt es für diese Aufgabe verschiedene Vorgehensweisen; eine ist aber besonders sicher:

Man sollte Satz 1 sorgfältig durchlesen und dann die Wortliste Wort für Wort überprüfen, ob sich das jeweilige Verb (Zeitwort) in die Textlücke einfügen lässt. Wenn das passende Verb gefunden ist, setzt man es in die Lücke ein (Person, Zahl, Zeitform beachten!).

Zuletzt streicht man das Wort in der Liste durch, denn jedes Verb darf nur einmal verwendet werden.

Lösung:

Sie bittet um unsere Unterstützung, die wir ihr zusagen.
Sie **versichert** sich unserer Hilfe.

Sie möchte allein gelassen werden.
Sie will sich **absondern.**

Sie will mit ihren Freunden nichts mehr zu tun haben.
Sie **überwirft** sich mit ihren Freunden.

Sie möchte alle Risiken ausschließen.
Sie will sich **absichern.**

Diese Aufgabe übersteigt ihre Möglichkeit.
Sie **übernimmt** sich mit dieser Aufgabe.

Sie wendet einen guten Stil an.
Sie **befleißigt** sich eines guten Stils.

Sie hat für dieses Vorgehen einzustehen.
Sie muss sich für dieses Vorgehen **verantworten.**

Sie kommt nicht umhin, ja dazu zu sagen.
Sie wird sich dazu wohl **bereit finden.**

Es wird von ihr verlangt, nicht weiter aus der Reihe zu tanzen.
Sie wird sich **anpassen** müssen.

Sprachlogisches Denken

Beispiel 1:

Lesen Sie die folgenden drei Stellungnahmen zum gleichen Sachverhalt!

Kreuzen Sie dann in der nachfolgenden Tabelle an, welche **Schlussfolgerungen** ausschließlich aufgrund dieser Stellungnahmen erlaubt sind, welche nicht!

Stellungnahme A: (Bauherr X.)

Auf dem von mir eingereichten Bauplan ließ ich die drei fraglichen Bäume überhaupt nicht mehr einzeichnen. Nachdem ich die behördliche Baugenehmigung erhalten hatte, war für mich klar, dass ich die Bäume fällen lassen durfte.

Stellungnahme B: (Baufirma, die die Bäume gefällt hat)

Herr X. erteilte am 05. 08. 20 . . . den Auftrag, drei alte Kastanien, die einem geplanten Garagenneubau im Wege standen, zu fällen. Auf telefonische Anfrage bestätigte Herr X., dass von Amts wegen kein Einwand gegen das Fällen der Bäume bestehe.

Stellungnahme C: (Genehmigungsbehörde)

Der Genehmigungsbehörde war nicht bekannt, dass zu der von Herrn X. beantragten Erstellung einer Doppelgarage die Beseitigung dreier über 100 Jahre alter Bäume erforderlich war. Der Antragsteller hatte auf diesen Umstand weder in den vorgelegten Plänen noch im schriftlichen Antrag hingewiesen. Nach der Bauvorlagenverordnung wäre Herr X. verpflichtet gewesen, den bisherigen Baumbestand in den Plänen ordnungsgemäß aufführen zu lassen.

	Erlaubte Folgerung	Nicht erlaubte Folgerung
Herrn X. war nicht bekannt, dass es in seiner Gemeinde eine Baumschutzverordnung gibt.	☐	☐
Herr X. überredete den Architekten, die Bäume nicht in den Plan einzuzeichnen.	☐	☐
Die Behörde hätte sich vor der Genehmigung von der Richtigkeit der durch Herrn X. gemachten Angaben überzeugen müssen.	☐	☐
Die Baufirma, die die Bäume fällte, hätte bei der Genehmigungsbehörde nachfragen müssen.	☐	☐
Herr X. ist im Recht, da die Behörde den Plan genehmigt hat.	☐	☐
Die Baufirma hatte zunächst Zweifel an der Rechtmäßigkeit des Auftrags, die Bäume zu fällen.	☐	☐

Die Aufgabe besteht darin, die Aussage dreier kurzer Texte miteinander zu kombinieren, so dass man in der Lage ist, Folgerungen zu ziehen. Man ist dabei ausschließlich auf die drei Texte angewiesen. Wenn man der Meinung ist, eine der unter dem Text stehenden Schlussfolgerungen sei berechtigt, muss man das **aus den Texten** beweisen können.

Hierzu wieder ein Beispiel:

Die vorletzte Behauptung lautet: Herr X. ist im Recht, da die Behörde den Plan genehmigt hat.

Irgendetwas stimmt bei der ganzen Angelegenheit nicht; denn die Baufirma hat ja sicherheitshalber bei Herrn X. nachgefragt, ob „von Amts wegen" ein Einwand gegen das Fällen der Bäume bestehe. Selbstverständlich hat Herr X. nicht gelogen, wenn er der Baufirma gegenüber behauptet, die Behörde habe keine Einwände. Wie sollte sie auch – sie weiß ja gar nichts von den Bäumen! Ist Herr X. also doch im Recht?

Die Stellungnahme C der Genehmigungsbehörde widerlegt dies eindeutig; Herr X. hat sich die Genehmigung regelrecht erschlichen. Es gibt nämlich genaue Vorschriften, nach denen ein Bauplan eingereicht werden muss (eben die Bauvorlageverordnung), und über die haben sich Herr X. und der Architekt stillschweigend hinweggesetzt.

Das Kreuz gehört folglich in die rechte Spalte (= nicht erlaubte Folgerung).

Lösung:

	✘
✘	
	✘
	✘
	✘
✘	

Beispiel 2:

Sprachlogik:

Die folgenden Einzelsätze ergeben bei richtiger Reihenfolge einen zusammenhängenden Text. Schreiben Sie bei jedem Satz die **richtige** fortlaufende Nummer in das Kästchen.

Die Geschichte des Waldes in Bayern

Denn es war der einzige in größerem Umfang verfügbare Energieträger.	☐
Bayern war ursprünglich fast ganz mit Wald bedeckt.	☐
Somit entsprach die damalige Wald-Feld-Verteilung bereits etwa dem heutigen Stand.	☐
Erst im 6. und 7. Jahrhundert setzten starke Rodungen ein, die erst im 15. Jahrhundert zu einem vorläufigen Ende kamen.	☐
Aber auch das aufstrebende Gewerbe – insbesondere die Erzeugung von Eisen und Glas und die Gewinnung von Salz – benötigte große Mengen an Holz.	☐
Dieser Zustand blieb lange Zeit vom Menschen unbeeinflusst.	☐
Doch zurück zum Mittelalter: Die Landesherren räumten den rodenden Bauern Nutzungsrechte (Holz, Weide und Streu) ein.	☐
Als Ergebnis dieser Rodungsbewegung war der Wald in Bayern bereits damals auf rund ein Drittel seiner ehemaligen Fläche zurückgedrängt.	☐
Ohne diese Zugeständnisse hätten die Bauern nicht ausreichend wirtschaften und damit überleben können.	☐

Ein Sprachsuchspiel für Leute mit detektivischen Fähigkeiten! Überprüft wird das Gefühl für Sprachlogik und für die Verknüpfung von Sätzen zu einem sinnvollen Text.

Um diese Aufgabe zu lösen, muss man jeden einzelnen Satz unter **sprachlichen** und unter **inhaltlichen** Gesichtspunkten lesen. Sprachliche Verknüpfungselemente sind Wörter, die entweder auf den nächsten Satz hinweisen (z. B. „im Folgenden") oder sich auf den vorausgehenden Satz beziehen (z. B. „diese", „somit", „folglich", „aber auch" usw.). Diese Wörter helfen jedoch oft alleine nicht weiter. Man muss immer auch den Inhalt (die Aussage) des Satzes zu Rate ziehen. Am Anfang steht die Suche nach dem ersten Satz. Hinweise auf bereits Gesagtes können in ihm logischerweise nicht vorkommen. Bei genauer Lektüre aller Sätze bleibt tatsächlich nur ein einziger Satz übrig, der sich auf nichts vor ihm bezieht; somit steht Satz 1 fest. Es ist nun zu fragen, welcher Satz sich inhaltlich und sprachlich auf diese erste Aussage bezieht, usw.

Lösung:

Die Geschichte des Waldes in Bayern

Denn es war der einzige in größerem Umfang verfügbare Energieträger.	**9**
Bayern war ursprünglich fast ganz mit Wald bedeckt.	**1**
Somit entsprach die damalige Wald-Feld-Verteilung bereits etwa dem heutigen Stand.	**5**
Erst im 6. und 7. Jahrhundert setzten starke Rodungen ein, die erst im 15. Jahrhundert zu einem vorläufigen Ende kamen.	**3**
Aber auch das aufstrebende Gewerbe – insbesondere die Erzeugung von Eisen und Glas und die Gewinnung von Salz – benötigte große Mengen an Holz.	**8**
Dieser Zustand blieb lange Zeit vom Menschen unbeeinflusst.	**2**
Doch zurück zum Mittelalter: Die Landesherren räumten den rodenden Bauern Nutzungsrechte (Holz, Weide und Streu) ein.	**6**
Als Ergebnis dieser Rodungsbewegung war der Wald in Bayern bereits damals auf rund ein Drittel seiner ehemaligen Fläche zurückgedrängt.	**4**
Ohne diese Zugeständnisse hätten die Bauern nicht ausreichend wirtschaften und damit überleben können.	**7**

Rechtschreibung und Zeichensetzung

Ab dem 1. August 2007 gelten ausschließlich die neuen Regeln für die Rechtschreibung und Zeichensetzung. Die Aufgaben für die Einstellungsprüfung berücksichtigten schon seit einigen Jahren die Neuregelungen, nun werden auch für die Lösungstexte, die von den Prüfungskandidaten zu formulieren sind (z. B. beim Aufsatz), nur noch die neuen Regeln akzeptiert.

Ein Blick in ein aktuelles Rechtschreibwörterbuch zeigt jedoch, dass für zahlreiche Wörter weiterhin unterschiedliche Schreibweisen zugelassen sind. Für Prüfungsaufgaben, bei denen es auf bewertbare, eindeutige Lösungen ankommt, eignen sich diese Rechtschreibfälle nach wie vor nicht.

Wichtige **Rechtschreib- und Zeichensetzungsregeln, die sich wegen ihrer Eindeutigkeit für Prüfungen eignen, sind:**

- Großschreibung von Eigennamen (z. B.: das Rote Meer),
- Großschreibung nach unbestimmten Zahlwörtern (z. B.: viel Bekanntes, nichts Besonderes)
- „ss“ zwischen Vokalen (Selbstlauten), von denen der erste kurz gesprochen wird (z. B. Wasser, nachlässig),
- „ß“ nach Doppellauten (z. B.: reißen, draußen, äußern),
- Silbentrennung (außer s-t),
- Kommasetzung bei Aufzählungen (z. B.: Vater, Mutter und Kind)
- Kommasetzung bei Appositionen (Beifügungen, z. B.: Herr Müller, unser bester Bekannter, verreist gerne).
- Kommasetzung bei nicht verkürzten Nebensätzen (z. B.: Der Markt, der alljährlich stattfindet, besteht schon seit dem Mittelalter. Den Auftrag werden wir, obwohl es uns große Probleme bereitet, pünktlich ausführen).

Neben den bekannten Diktaten gibt es eine Reihe von **Aufgabenformen für die Überprüfung von Kenntnissen in der Rechtschreibung und Zeichensetzung:**

– Lückentexte:

z. B.: *Tragen Sie den fehlenden Buchstaben ein: Eine Fahrt ins ...laue ist immer ein spannendes Erlebnis.*

Solche Aufgaben bergen die Gefahr, dass man zwar die Regel richtig anwendet, aber durch einen falschen Buchstaben den Sinn der Aussage verändert und damit auch keinen Punkt bekommt (z. B. „F“ statt „B“).

– Korrekturaufgaben:

z. B.: *Streichen Sie den falschen Buchstaben durch und setzen Sie den richtigen darüber: Eine Fahrt ins blaue ist immer ein spannendes Erlebnis.*

Diese Aufgabenstellung bildet eine Situation ab, die im Alltag immer wieder auftritt, nämlich, fremde oder eigene Texte vor der endgültigen Fertigstellung korrigieren zu müssen.

– Auswahlaufgaben:

Beispiel 1: *Streichen Sie die falsche Lösung durch (Unterstreichen Sie die richtige Lösung):*

Eine Fahrt ins blaue/Blaue ist immer ein spannendes Erlebnis.

Beispiel 2: *Kreuzen Sie die richtige Schreibweise an:*

- *Eine Fahrt ins blaue ist immer ein spannendes Erlebnis.*
- *Eine Fahrt ins Blaue ist immer ein spannendes Erlebniss.*
- *Eine Fahrt ins Blaue ist immer ein spannendes Erlebnis.*
- *Eine Fahrt ins blaue ist immer ein spannendes Erlebniss.*

Damit es überhaupt vier Ankreuzmöglichkeiten gibt, muss jede Zeile mindestens zwei Fehlerquellen enthalten. Sie sind an den unterschiedlichen Schreibweisen in den einzelnen Zeilen leicht zu erkennen.

Aufgaben zur Zeichensetzung sind meist in kürzere oder längere Texte gekleidet, in denen die entsprechenden Satzzeichen fehlen. Hier ein Beispiel:

Setzen Sie die fehlenden Kommas ein.

Nach 1945 wurde das bayerische Schulwesen in der Art wiederhergestellt wie es vor 1933 bestanden hatte. Was die Volksschulen anbelangte so wurde die Bekenntnisschule wieder zur Regel. Unter dem streng konservativen katholischen Kultusminister Alois Hundhammer erhielten die religiösen Elemente im Lehrplan großes Gewicht auch bei der Lehrerausbildung spielte die Religionslehre natürlich streng nach Konfessionen getrennt eine wichtige Rolle. Die christliche Ausrichtung des bayerischen Schulwesens die dem Auftrag der Verfassung entspricht ist bis heute geblieben.

Eine Besonderheit ist eine **Kombinationsaufgabe,** die gleichzeitig Kenntnisse in der Zeichensetzung und in der Silbentrennung verlangt:

> 3.2 **Tragen Sie ein Kreuz ein, wenn an der mit □ gekennzeichneten Stelle eine Trennung des Wortes möglich ist oder wenn im Satz ein Komma stehen muss.**
>
> 3.2.1 Micha□ela und Martin streiten sich □ wer die Führ□ungsrolle übernehmen darf.
>
> 3.2.2 Im Rahmen der Umwelterzie□hung □ werden oft viele interes□sante Themen behandelt.
>
> 3.2.3 Karte und Kompass sind unentbeh□rliche Hilfsmittel zur Orientierung im Gelände □ auf Wanderungen □ sowie zum Auffinden von Biotopen.
>
> 3.2.4 Ei□ne abwaschbare Oberfläche erleichtert die Reinigung □ und ermöglicht das Aufmalen von Bildern □ oder Skizzen mit Kreide.
>
> 3.2.5 Bei älteren Schülern und größeren Klassenstärken □ steigt der Aufwand □ der für ein Projekt erforderlich ist □ beträchtlich.
>
> 3.2.6 Dies gilt ins□besondere dann □ wenn die naturwissenschaf□tliche Seite der Umwelterziehung stärker betont wird.

Die Lösung einer solchen Aufgabe erfordert nicht nur gründliche Regelkenntnis, sondern auch ein hohes Maß an Konzentration, weil man bei der Fülle an Ankreuzmöglichkeiten leicht einmal ein Feld übersieht.

Grammatische Grundkenntnisse

Beispiel 1:

> Streichen Sie in den folgenden Kästchen jeweils die beiden Formulierungen durch, die grammatisch falsch sind und sich nicht in den Gesamtzusammenhang des Satzes einfügen lassen.
>
> Die Schule hat allgemein die Aufgabe, die Heranwachsenden in die [sie / ihn / ihnen] umgebende Welt einzuführen und ihnen Wege zu [eine sinnvolle / eine sinnvollen / einer sinnvollen] Lebensgestaltung [anzuzeigen / aufzuzeigen / zu überzeugen] .
>
> Auch die Medienerziehung [teilt / trägt / wirkt] mit ihren Zielen an der Erfüllung dieser Aufgabe mit.
>
> Sie ist [geneigt / bestrebt / überzeugend] , das Urteilsvermögen und die Kommunikationsfähigkeit des Heranwachsenden auszubilden. Der Heranwachsende muss sich [den / der / die] Medien und [ihre / seiner / ihrer] Wirkung auf seine Erkenntnisvorgänge bewusst werden und lernen, mit dem vorhandenen Medienangebot [verantwortungsbereit / verantwortungslos / verantwortungsbewusst] umzugehen. Die Gesichtspunkte, [unter denen / für die / bei denen] Medienerziehung stattfinden soll, sind in den verschiedenen Schularten auf [unterschiedliche Fächern / unterschiedlichen Fächern / unterschiedliche Fächer] und Jahrgangsstufen verteilt.

Lösungshinweise

Die Lösung dieser Aufgabe erfordert nicht nur grundlegende grammatische Kenntnisse, sondern auch ein sicheres Sprachgefühl. Man muss entweder sorgfältig überlegen, welche grammatischen Forderungen das Lösungswort erfüllen soll (z. B. Einzahl/Mehrzahl, 3./4. Fall) oder welches der zur Wahl stehenden Wörter den Sachverhalt richtig wiedergibt. Am besten ist es, wenn man sich die einzelnen Sätze halblaut vorliest.

Lösung:

Die Schule hat allgemein die Aufgabe, die Heranwachsenden in die [sie / ~~ihn~~ / ~~ihnen~~] umgebende

Welt einzuführen und ihnen Wege zu [~~eine sinnvolle~~ / ~~eine sinnvollen~~ / einer sinnvollen] Lebensgestaltung [~~anzuzeigen~~ / aufzuzeigen / ~~zu überzeugen~~].

Auch die Medienerziehung [~~teilt~~ / ~~trägt~~ / wirkt] mit ihren Zielen an der Erfüllung dieser Aufgabe mit.

Sie ist [~~geneigt~~ / bestrebt / ~~überzeugend~~], das Urteilsvermögen und die Kommunikationsfähigkeit des

Heranwachsenden auszubilden. Der Heranwachsende muss sich [~~den~~ / der / ~~die~~] Medien und

[~~ihre~~ / ~~seiner~~ / ihrer] Wirkung auf seine Erkenntnisvorgänge bewusst werden und lernen, mit dem

vorhandenen Medienangebot [~~verantwortungsbereit~~ / ~~verantwortungslos~~ / verantwortungsbewusst] umzugehen. Die Gesichtspunkte,

[unter denen / ~~für die~~ / ~~bei denen~~] Medienerziehung stattfinden soll, sind in den verschiedenen Schularten auf

[~~unterschiedliche Fächern~~ / ~~unterschiedlichen Fächern~~ / unterschiedliche Fächer] und Jahrgangsstufen verteilt.

Beispiel 2:

Ergänzen Sie das fehlende Wort, oder schreiben Sie in die Textlücken jeweils die grammatisch richtige Form der in Klammern angegebenen Wörter.

1. Wegen .... (sein geringes Einkommen) suchte er sich eine Nebenbeschäftigung.
2. Die Situation war auch diesmal nicht entspannter .... sonst auch.
3. Ohne .... (unser beliebter Onkel) ging es diesmal auf die Alpspitze.
4. Der Radfahrer prallte mit voller Wucht gegen .... (ein unbeleuchteter Anhänger).
5. Ich bin auf dem ganzen Weg .... (kein einziger Mensch) begegnet.
6. Im letzten Moment erinnerte er sich an .... (Herr Huber) Einladung.
7. Wenn er .... (bekommen), was ihm .... (zustehen) – was aber leider nicht der Fall ist – .... (sehen) er hoffnungsvoller in die Zukunft.
8. Frau Bauer behauptete, sie .... (wissen) nicht, worum es bei der Angelegenheit .... (gehen).

Lösungshinweise

Im Gegensatz zu Beispiel 1 sind bei der vorstehenden Aufgabe Lücken zu füllen, wobei entweder das Lösungswort selbst zu finden ist (2. Satz) oder die vorgegebenen Wörter in die grammatisch richtige Form zu setzen sind.

Lösung:

1. Wegen **seines geringen Einkommens** suchte er sich eine Nebenbeschäftigung.
2. Die Situation war auch diesmal nicht entspannter **als** sonst auch.
3. Ohne **unseren beliebten Onkel** ging es diesmal auf die Alpspitze.
4. Der Radfahrer prallte mit voller Wucht gegen **einen unbeleuchteten Anhänger.**
5. Ich bin auf dem ganzen Weg **keinem einzigen Menschen** begegnet.
6. Im letzten Moment erinnerte er sich an **Herrn Hubers** Einladung.
7. Wenn er **bekäme,** was ihm **zustünde** – was aber leider nicht der Fall ist –, **sähe** er hoffnungsvoller in die Zukunft.
8. Frau Bauer behauptete, sie **wisse** nicht, worum es bei der Angelegenheit **gehe.**

Texte verfassen: Schriftliche Argumentation

Beispiel:

Zur Frage **„Sollen Kinder fernsehen?“** lassen sich unterschiedliche Standpunkte vertreten.
Führen Sie ein Argument dafür oder ein Argument dagegen aus.

Im Englischen heißt „to argue“ sich streiten, und zwar im Sinne von „unterschiedlicher Meinung sein“. Mit Worten streiten: Jeder stellt seinen Standpunkt mehr oder weniger lautstark dar und versucht mit allen Mitteln, sein Gegenüber von der eigenen Meinung zu überzeugen. Mit bloßen Behauptungen ist es da nicht getan. „Fernsehen ist für Kinder schädlich“ – das kann z. B. jeder behaupten, **überzeugen** wird er mit dieser vorerst unbewiesenen Feststellung niemanden. Er muss schon erklären oder beweisen, wie er zu seiner „These“ (so heißt das Fremdwort für eine Vermutung oder unbewiesene Behauptung) kommt. Dazu wird er weiter ausholen, Beispiele bringen, Forschungsergebnisse und Erfahrungen anderer ins Feld führen; kurz – er wird **argumentieren.**

Zum Argumentieren gehören mindestens zwei Schritte, unabhängig davon, ob es mündlich oder schriftlich geschieht:

1. Man stellt etwas fest oder behauptet etwas (man formuliert eine **These**).

2. Man beweist, begründet oder belegt die These (man führt **Argumente** an).

Ein dritter Schritt, der aber nicht immer möglich oder notwendig ist, wäre eine abschließende **Folgerung**.

Als Beispiel kann die vorhin aufgestellte Behauptung (These) dienen:

„Fernsehen ist für Kinder schädlich.“

Dann könnte man fortfahren:

„Dies betrifft besonders die seelische Entwicklung.“

Damit wird die Behauptung eingeengt und präzisiert (genauer festgelegt). Nun muss man die These beweisen oder begründen:

„Kinder können im Allgemeinen noch nicht zwischen tatsächlichem und gespieltem Geschehen unterscheiden. Für sie ist alles, was auf dem Bildschirm geschieht, Wirklichkeit. Wenn Dracula mit blutrünstiger Fratze über sein Opfer herfällt, erweckt dies bei Erwachsenen meist Heiterkeit, bei Kindern dagegen panische Angst.“

Diese Gedankenführung und das anschauliche Beispiel, das so ziemlich jeder kennt, müssten eigentlich auch den hartgesottensten Gegner der Eingangsthese überzeugen. Deshalb lässt sich auch gleich zielbewusst eine allgemeine Folgerung anschließen:

„Wen wundert es da noch, dass Kinder, die viel fernsehen, ängstlich, nervös und überreizt sind?“

„Ja – aber . . .“ wird da sofort jemand einwenden und eine **Gegenargumentation** aufbauen: „Es gibt doch auch genug Fälle, wo Kinder einen Nutzen aus dem Fernsehen ziehen können. Denken Sie nur an so lehrreiche Sendungen wie die Sesam-Straße.“ Das ist nun allerdings auch wieder nur eine These, die begründet werden muss.

Für weitere Übungen finden sich hier noch einige bunt durcheinander gewürfelte Thesen zum Thema Fernsehen:
- Fernsehen macht Kinder brutal.
- Fernsehen erweitert den Horizont.
- Fernsehen führt zu Haltungsschäden.
- Fernsehen liefert nur eine Welt aus zweiter Hand.

- Fernsehen macht Kinder klüger.
- Fernsehen führt zu Sprachlosigkeit.

Bei aller Argumentation muss man immer **sachlich** bleiben. Überspitzte ironische Formulierungen sind nicht dazu geeignet, jemand von irgendetwas zu überzeugen, und gehören deshalb nicht zu den Stilelementen eines sachlichen Textes.

Für den logischen Gedankengang in einem zusammenhängenden Text eignen sich Bindewörter wie weil, da, folglich, deshalb, zwar . . . aber. Und vor allem: Für seine Argumentation sollte man nur Material (Zahlen, Beispiele) einsetzen, das man wirklich kennt. Nichts zerstört ein mühsam aufgebautes Argumentationsgefüge schneller als der Beweis des Gegners, dass die genannten Zahlen und Beispiele nicht der Wirklichkeit entsprechen.

AUFGABENSTELLUNGEN ZUR GRUNDLEGENDEN ALLGEMEIN-BILDUNG

Achtung:
Aufgaben aus unterschiedlichen Prüfungsbereichen (deutsche Sprache und grundlegende Allgemeinbildung) können sich auf dieselben Materialien beziehen.

Aufgaben zur Prüfung einer grundlegenden Allgemeinbildung betreffen die Bereiche

- Erdkunde,
- Geschichte (Schwerpunkt 20. und 21. Jahrhundert),
- Wirtschaft und Recht (Grundlagen) und
- Staatsbürgerliche Kenntnisse.

Was geprüft wird und wie man sich darauf vorbereiten kann

Der Unterricht in der Schule ist wohl die Grundlage aller Allgemeinbildung – zusätzliche Kenntnisse und selbst erarbeitete Fähigkeiten sind aber bei jeder außerschulischen Prüfung nötig. Für die Auswahlprüfung ist vor allem wichtig, dass man sich selbstständig informiert, z. B. durch eine Tages- oder Wochenzeitung oder die Nachrichtensendungen in Hörfunk oder Fernsehen. Mit der Zeit ergibt sich so ein nützlicher Überblick über aktuelle Begriffe, Zusammenhänge und wichtige Geschehnisse, die einen Bezug zu den einzelnen Prüfungsgebieten aufweisen.

Im Folgenden sind die wichtigsten Themenbereiche für die Fachgebiete aufgelistet, die bei den allgemeinen Kenntnissen geprüft werden.

Aufgaben aus der Erdkunde

Zu einer erdkundlichen Allgemeinbildung gehört selbstverständlich „topografisches" Wissen, d. h. ein Wissen, das der Orientierung dient: Man sollte sich auf der Erde und vor allem in seinem Heimatland gut auskennen, wenn man sich zur Auswahlprüfung anmeldet.

Topografisches Grundwissen

Hinweis: Die hier und auf den nächsten Seiten abgebildeten Karten bieten nur eine erste, allgemeine Übersicht. Für eine gezielte Vorbereitung sind stets entsprechende Atlaskarten zu empfehlen.

– Namen und die räumliche Verteilung der Kontinente und der Weltmeere

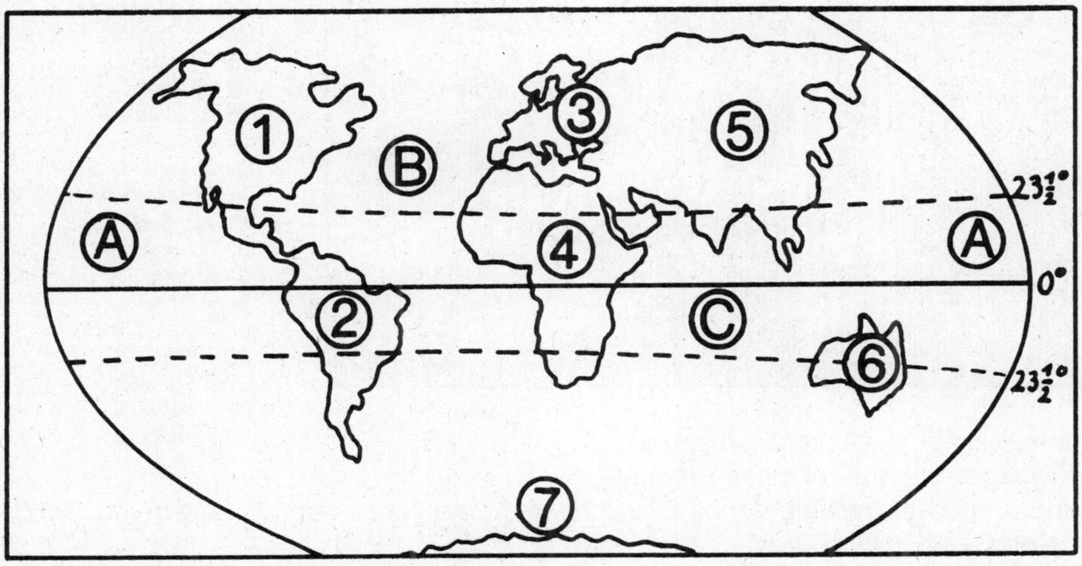

1 = Nordamerika	A = Pazifischer Ozean
2 = Südamerika	B = Atlantischer Ozean
3 = Europa	C = Indischer Ozean
4 = Afrika	
5 = Asien	
6 = Australien	
7 = Antarktis	

- wichtige Staaten der Erde, auch solche, die in letzter Zeit aus irgendeinem Grund Schlagzeilen machten
- die Vereinigten Staaten von Amerika (insbesondere auch Grundkenntnisse aus den Bereichen Landwirtschaft und Industrie)

– die europäischen Staaten und ihre Hauptstädte

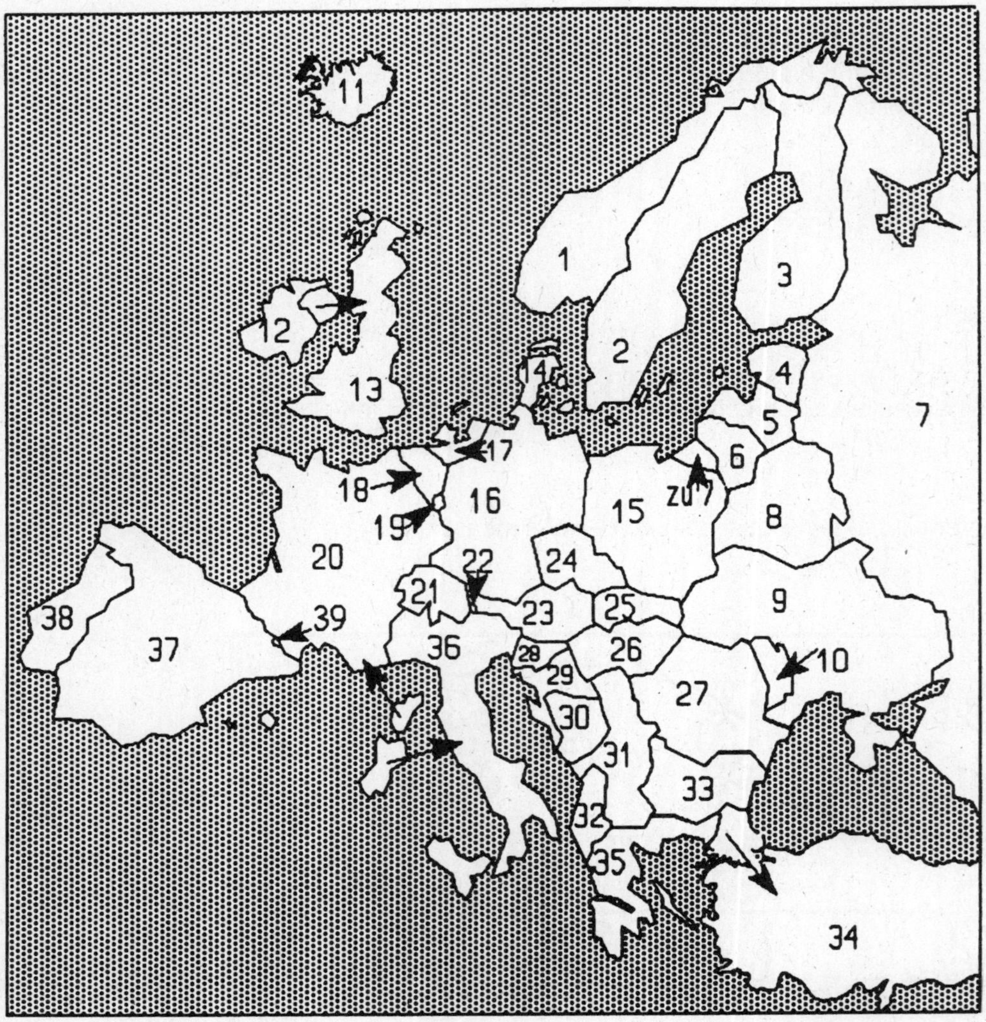

1 = Norwegen
2 = Schweden
3 = Finnland
4 = Estland
5 = Lettland
6 = Litauen
7 = Russland
8 = Weissrussland
9 = Ukraine
10 = Moldavien
11 = Island
12 = Irland
13 = Großbritannien
14 = Dänemark
15 = Polen
16 = Bundesrepublik Deutschland
17 = Niederlande
18 = Belgien
19 = Luxemburg
20 = Frankreich
21 = Schweiz
22 = Liechtenstein
23 = Österreich
24 = Tschechien
25 = Slowakei
26 = Ungarn
27 = Rumänien
28 = Slowenien
29 = Kroatien
30 = Bosnien-Herzegowina
31 = Jugoslawien
32 = Albanien
33 = Bulgarien
34 = Türkei
35 = Griechenland
36 = Italien
37 = Spanien
38 = Portugal
39 = Andorra

– die Meere und Meeresteile, die Europa umspülen
– die wichtigsten Gebirge, Seen und Flüsse Europas
– die naturräumliche und politische Gliederung Deutschlands (und zwar in den Grenzen von 1937)
– Bayern: Flüsse, Seen, Gebirgszüge

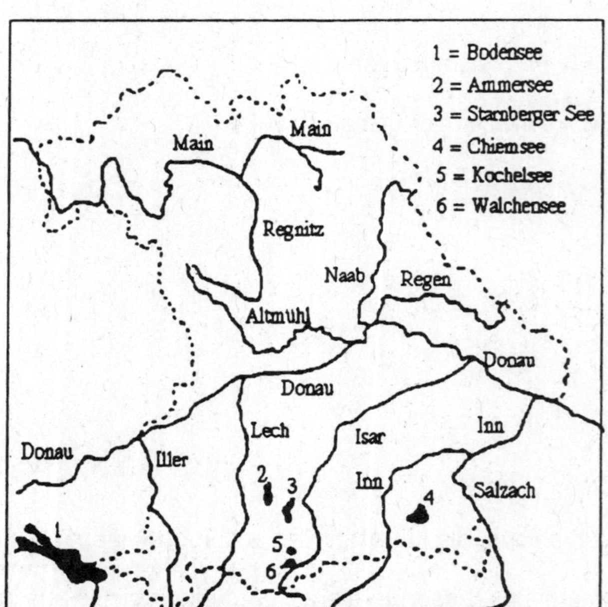

BAYERN –
Flüsse und Seen

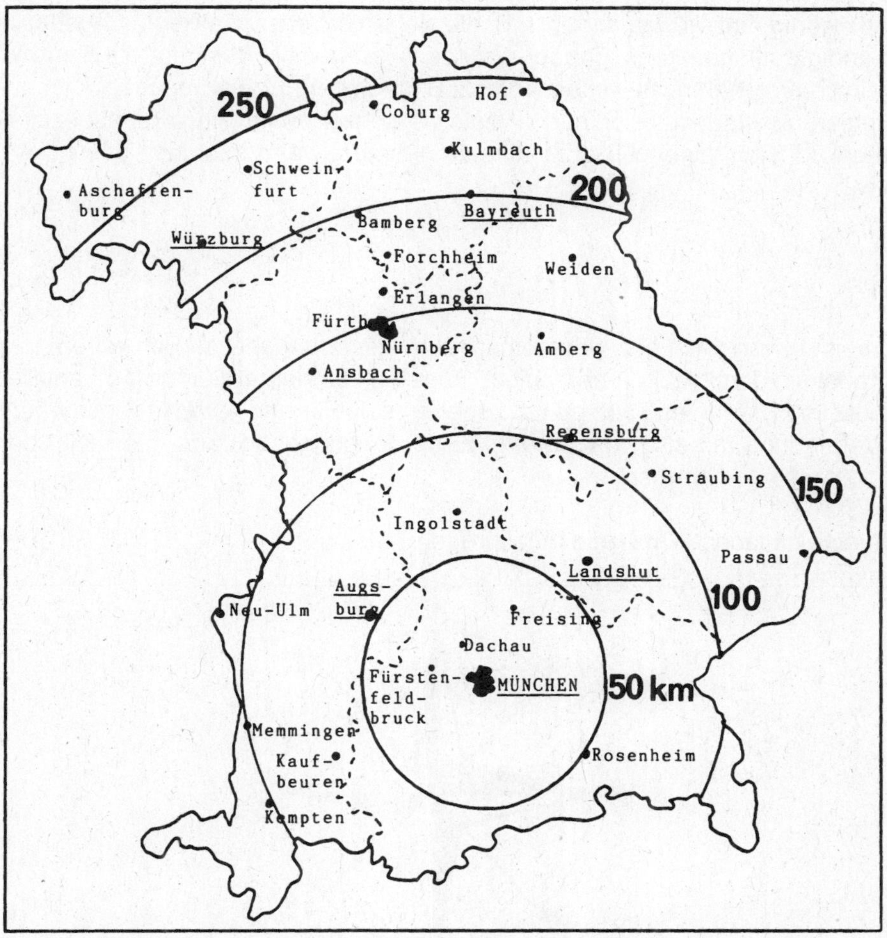

BAYERN – Städte und Entfernungen (Luftlinie) von München

BAYERN – Regierungsbezirke (mit Sitz der Bezirksregierung)

Es wird jedoch relativ wenig nützen, wenn man z. B. die sieben bayerischen Regierungsbezirke mit ihren Regierungsstädten auswendig aufsagen kann. Topografisches Wissen schließt immer die **Raumvorstellung** mit ein. Mit den Namen allein kommt man nicht weiter, wenn z. B. nach dem Regierungsbezirk im äußersten Nordosten Bayerns und der Regierungsstadt des sich nach Westen anschließenden Regierungsbezirks gefragt wird. Es ist deshalb unbedingt erforderlich, einen Atlas zu Hilfe zu nehmen, wenn man sich das geforderte topografische Wissen einprägen will.

Himmelsrichtungen

Die Raumvorstellung ist schon recht gut, wenn einem zum Regierungsbezirk Schwaben „in Bayern links unten" einfällt, **erdkundlich** ist sie damit jedoch noch nicht. Für eine korrekte erdkundliche Lagebezeichnung verwendet man die Gitternetzlinien, wenn es ganz genau zugehen soll. Für den Alltagsgebrauch reichen die Himmelsrichtungen (oft in Verbindung mit einer ungefähren Entfernungsangabe) aus. Man sagt dann: „Erlangen liegt rund 20 Kilometer nördlich von Nürnberg."

Hilfreich ist es, sich eine einfache **Windrose** einzuprägen:

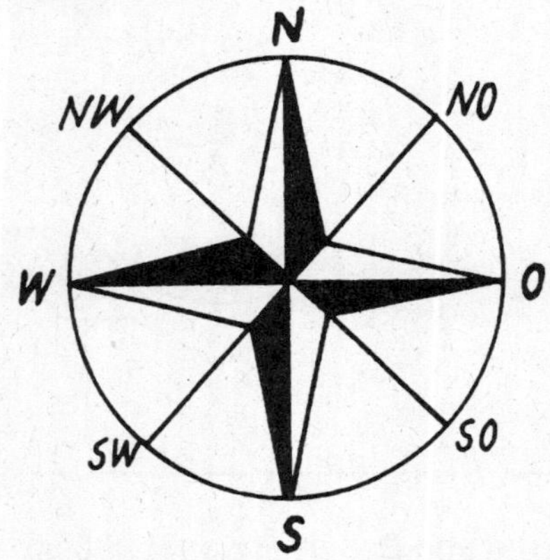

Weitere Zwischeneinteilungen wie WSW (Westsüdwest) sind nicht erforderlich.

Erdkundliche Karten sind immer **genordet,** d. h., dort, wo der obere Kartenrand ist, liegt für den **Kartenausschnitt** Norden. Ortsnamen sind in der Regel von West nach Ost geschrieben. Entspricht eine Karte einmal nicht dieser Regelung, wird der Benutzer durch einen so genannten **Nordpfeil** darauf aufmerksam gemacht.

Er sieht im Allgemeinen so aus: 

Er weist mit seiner Spitze dorthin, wo (wieder nur für die Karte) Norden ist. Um eine Karte wirklich „einzunorden", sie also so hinzulegen, dass ihr oberer Rand oder der Nordpfeil wirklich zum geografischen Nordpol zeigt, braucht man in der Regel sehr gute Ortskenntnisse oder einen Kompass.

Hier ein Beispiel für eine Karte mit einem Nordpfeil:

Klimadiagramme

Neben Landkarten gehören grafische Darstellungen aller Art zum erdkundlichen Handwerkszeug. Auch wenn man kein Meteorologe (Wetterkundler) ist, sollte man wissen, wie einfache **Klimadiagramme** entstehen und was man aus ihnen herauslesen kann.

Hier ein Beispiel für ein solches Klimadiagramm:

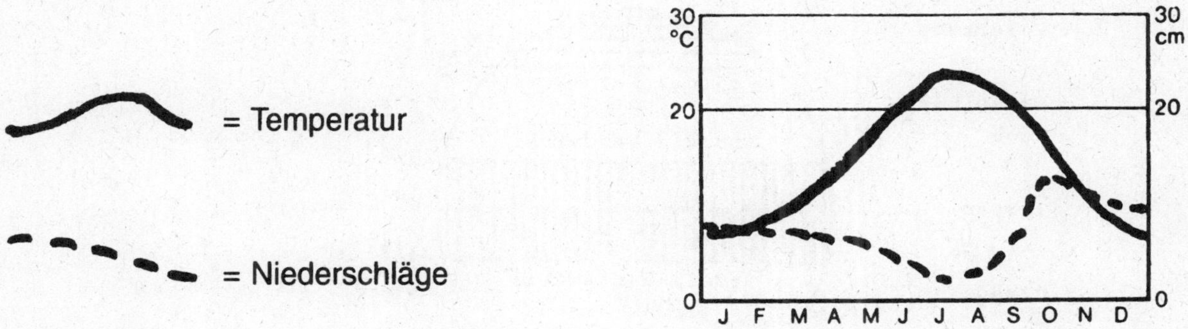

Es besteht aus einer Art von Kalender, der von links nach rechts die Anfangsbuchstaben der einzelnen Monate aneinander reiht. Die beiden nach oben verlaufenden Achsen sind mit Skalen (Messeinteilungen) versehen, und zwar gibt eine den Niederschlag in mm/m² (Millimeter pro Quadratmeter) an, die andere die Temperatur in ° C (Grad Celsius). In diesen Rahmen sind nun zwei Kurven gezeichnet, deren Bedeutung in der **Legende** (Zeichenerklärung) erklärt wird. Es handelt sich um eine

- Niederschlagskurve und eine
- Temperaturkurve.

Der Verlauf der beiden Kurven erlaubt eine Reihe von Aussagen, z. B.

- wann die Temperaturen (Niederschläge) ansteigen, wann sie absinken,
- wann ein Maximum oder ein Minimum der Temperaturen (Niederschläge) erreicht wird,
- welche Zusammenhänge zwischen Temperaturen und Niederschlägen bestehen (z. B.: „Wenn die Temperaturen steigen, sinken die Niederschläge") usw.

Bei allen Überlegungen ist jedoch ein wesentlicher Unterschied zwischen den beiden Kurven zu berücksichtigen:

Die **Niederschlagskurve** (oder ein entsprechendes Säulendiagramm) gibt immer eine bestimmte **Summe** von Niederschlägen an. Liest man z. B. für den Mai 35 mm/m² Niederschläge ab, dann haben alle Niederschläge im Monat Mai zusammen die Summe 35 ergeben. Falls nach dem **Jahresniederschlag** gefragt wird, muss für jeden Monat der Niederschlagswert aus dem Diagramm ermittelt werden und dann sind die zwölf Monatswerte **zusammenzuzählen.**

Ganz anders die Temperaturkurve: Sie setzt sich aus lauter Durchschnittswerten zusammen. So sind z. B. für den Monat Mai die 31 Tagesdurchschnittswerte zusammengezählt und wieder durch 31 geteilt worden. Auch die Jahresdurchschnittstemperatur ergibt sich auf diese Weise.

Grundkenntnisse über Klima und Wetter

Erdkundebücher ab der 5. Jahrgangsstufe befassen sich heute mit Grundfragen aus den Bereichen Wetter und Klima. Dazu gehören vor allem Kenntnisse über

- die Entstehung der Jahreszeiten,

- Grundzüge der Entstehung sowie charakteristische Merkmale der Klima- und Vegetationsgürtel: Sonneneinstrahlung, Passatkreislauf,

– die Grundzüge des Klimas in Europa: Bausteine des Klimas und ihr Zusammenwirken: Aufbau der Atmosphäre, Sonneneinstrahlung und Temperatur, Luftfeuchtigkeit und Niederschlag; Luftdruck und Winde; Wetterkarte und die Bedeutung der Wettervorhersage; Klimadiagramm,

– die großen Klimazonen der Erde,

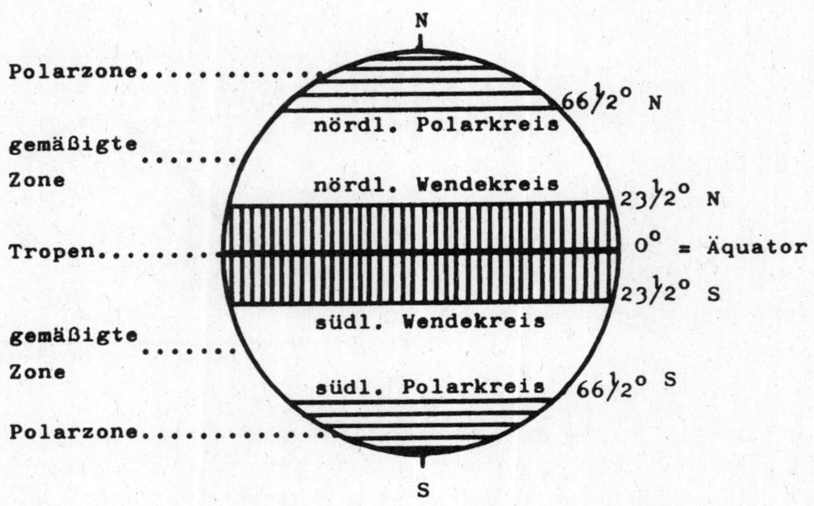

„mathematische" Klimazonen der Erde,

– die Verteilung und Merkmale wichtiger Klimatypen, wie die Skizze am Beispiel Afrikas und Europas zeigt:

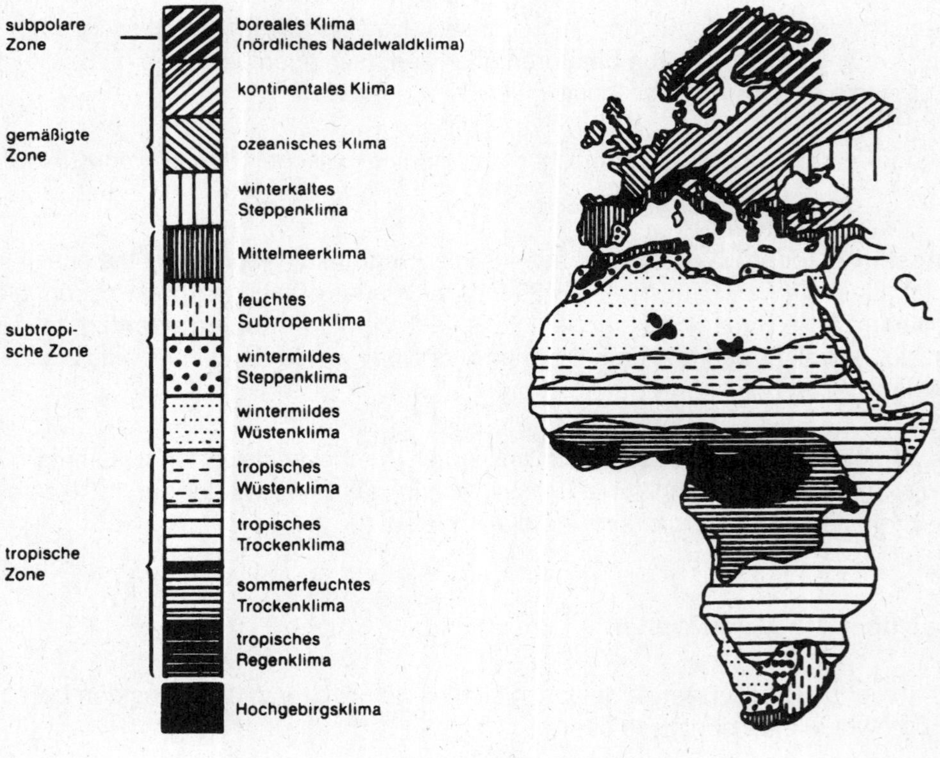

Erdkundliche Grundbegriffe

Im Folgenden findet sich eine alphabetisch geordnete Zusammenstellung erdkundlicher Grundbegriffe.

Für ausführlichere Informationen empfiehlt sich ein Blick in den Anhang der in der Schule verwendeten Erdkundebücher. Wertvolle Hilfe leistet auch der Schülerduden Erdkunde II. Ein Lexikon der allgemeingeografischen Begriffe. Mannheim 2001 oder ein ähnliches Nachschlagewerk.

Agrarreform
Analphabeten
Bevölkerungsexplosion
Brandrodung
Bruttosozialprodukt (bzw. Bruttoinlandsprodukt)
Dauerfrostboden
Dritte Welt
Entwicklungshilfe
Entwicklungsland
Erdbeben
Erosion
Föhn
Geburtenrate
Gemäßigte Zone
Gezeiten
Gradnetz
Hochdruckgebiet
Höhenstufen
Industrialisierung
Industrieland
Infrastruktur
Innertropische Konvergenzzone
Isobare
Kältegrenze
Klima
Klimadiagramm
Klimazone
Kolonie
Kontinent
Kulturerdteil
Landflucht
Landklima
Landschaftsgürtel
Lateinamerika
Meridian
Mittelmeerklima
Monokultur
Monsun
Moräne
Nomaden
Nord-Süd-Gefälle
Oase
Orient
Passat
Permafrost
Plantage
Tundra
Vegetation
Verstädterung
Vulkan
Waldgrenze
Wanderhackbau
Westwindzone
Wetter
Wirtschaftssektoren (primär, sekundär, tertiär)
Wüste
Zeitzonen
Zenitalregen

Weitere allgemeine erdkundliche Grundkenntnisse

Eine Reihe von Fragen der Auswahlprüfung beschäftigt sich mit der **Erde als Himmelskörper**, zumindest im Hinblick auf

- Entstehung der Tages- und Jahreszeiten,
- Beginn der Jahreszeiten (auf der Nord- und Südhalbkugel),
- Polartag und Polarnacht.

Ferner sollte man sich mit markanten Linien im **Gradnetz** der Erde beschäftigen, v. a. mit

- Äquator,
- Wendekreisen,
- Polarkreisen.

Aufgaben aus der Geschichte

Die Auswahlprüfung ist keine schulische Leistungserhebung. Deshalb beziehen sich die Prüfungsinhalte und die Aufgabenarten nicht unbedingt nur auf bekannte Schulstoffe oder gewohnte Fragestellungen. Trotzdem sind gerade im Teilbereich **Geschichte** Wissen und Kenntnisse, Fähigkeiten und Fertigkeiten aus dem schulischen Geschichtsunterricht die Grundlage, um erfolgreich die Prüfung bewältigen zu können. Die Geschichtslehrpläne der allgemein bildenden bayerischen Schulen, also der Hauptschule, der Realschule und des Gymnasiums, sind so ausgelegt, dass jeder Schüler bis zum Ende des Schuljahrs der Auswahlprüfung in Geschichte die Zeit bis 1945 (Ende des Zweiten Weltkriegs) im Unterricht behandelt hat.

Da es im Verordnungstext zur Prüfung heißt „Geschichte (Schwerpunkt 20. und 21. Jahrhundert)“, ist in der Vorbereitung zu beachten, sich nicht in der falschen Gewissheit zu wiegen, historische Ereignisse nach 1945 kämen als Inhalte der Auswahlprüfung nicht in Frage. Im Gegenteil: Gerne werden historische Jahrestage, die sich auf die Zeit nach 1945 beziehen, Aufgabenthemen. Wie gesagt, diese Prüfung ist keine Schulprüfung, die einzig und allein auf den Vorgaben der Lehrpläne beruht. Sie ist, man wird es auch im Teilbereich „staatsbürgerliche Kenntnisse“ sehen, nicht unbedingt mit dem „normalen“ Schulstoff identisch. Wie andere Auswahlverfahren auch, ist es Ziel der Auswahlprüfung, die Teilnehmer herauszufinden, die in besonderem Maße den Anforderungen des Staatsdienstes entsprechen, die eben über eine solide Allgemeinbildung und über ein sicheres logisch-schlussfolgerndes Denkvermögen verfügen. Und das wird auch im Bereich Geschichte geprüft und getestet.

Im Folgenden sind Inhalte aufgeführt, die allgemein bildend „besonders bedeutsam“ im Bereich Geschichte sind:

1. **Weltanschauungen,** die auch das 20. Jahrhundert prägten: Nationalismus, Liberalismus, Sozialismus (Entstehung; Definition; Übersteigerungen; Parteien und Vertreter)

2. Europa greift nach der Welt: das **Zeitalter des Imperialismus** (Voraussetzungen, z. B. industrielle Revolution, Antriebskräfte; Rechtfertigungen; Auswirkungen und Folgen für die Kolonialvölker und die imperialen Mächte im Inneren und untereinander; das Deutsche Reich als „verspätete Nation“ und sein „Platz an der Sonne“)

3. Das Ende des alten Europa: **der Erste Weltkrieg und seine Folgen** (Spannungen in Europa vor 1914; Bündnissysteme, Kriegsausbruch, Kriegsverlauf, Eingreifen der USA; Revolutionen in den kriegsführenden Ländern, z. B. Russland, Deutschland, Habsburgerreich, Osmanisches Reich; Versuch einer Nachkriegsordnung – die Friedensverträge)

4. Die **Zwischenkriegszeit** in Deutschland, Europa und der Welt (Bayern als „Volksstaat“; Erfolge und Scheitern der Weimarer Republik; Weltwirtschaft, z. B. Protektionismus und Krisen; Bürgerkriege, z. B. Spanien und Irland; Isolationismus in den USA; Etablierung autoritärer und totalitärer Systeme, z. B. Italien, UdSSR; Krise der Demokratien; wissenschaftlicher, technischer Fortschritt, z. B. Entdeckungen in Physik, Chemie, Medizin; Neuerungen in Verkehr und Nachrichtenübermittlung; kultureller Wandel, z. B. neue Stilrichtungen, Massenkultur, Freizeit und Tourismus)

5. Rückfall in die Barbarei: **totalitäre Regime und Zweiter Weltkrieg** (Stalinismus als Terrorsystem, Kollektivierung, Industrialisierung und Straflager; Nationalsozialismus in Deutschland – Weltanschauung, Ziele, Methoden; „Machtergreifung“ und „Führerstaat“; Innen- und Außenpolitik im NS-Regime; Rassenwahn, Verfolgung; der Zweite Weltkrieg – Ursachen, Verlauf, Bündnisse, Ziele der Kriegsparteien; der NS-Ausrottungskrieg und die Vernichtung der europäischen Juden; Kriegsende in Europa und Asien; Flucht und Vertreibung)

6. Die **Nachkriegszeit:** Entstehen und Verfestigung der Zweiteilung der Welt (Spannungen unter den Siegermächten; die Teilung Deutschlands und Europas; der „Kalte Krieg“; die beiden deutschen Staaten im Ost-West-Gegensatz; die Geschichte der beiden deutschen Staaten bis 1990; Aufstände im Osten, Wandel im Westen, die atomare Bedrohung; die Entkolonialisierung; Krisenherde, z. B. Naher Osten, China, Indochina, Afrika; Konfrontation, Koexistenz und Kooperation der Supermächte; technischer, kultureller und sozialer Wandel in Europa)

7. Einheit und Zerfall: die **europäische Integration** und der **Zerfall des Ostblocks** (von der Wirtschaftsgemeinschaft zur politischen Einigung im westlichen Europa; die Auflösung des Ostblocks und der UdSSR; die deutsche Einheit, z. B. Ursachen, Verlauf, Folgen; Krisen in Europa und der Welt; Anfänge einer Weltinnenpolitik)

Nun wird natürlich von niemandem erwartet, alle Details dieser sieben Themenfelder parat zu haben. Was aber verlangt wird, ist eine grundsätzliche Orientierung darin. Was heißt das? Die Grobstrukturen der politischen, wirtschaftlichen, gesellschaftlichen und technisch-kulturellen Entwicklung vornehmlich in Deutschland, Wichtiges in diesen Bereichen in Europa und Wesentliches in der Welt sind Prüfungsinhalt. Dabei ist aber wirklich darauf zu achten, dass nicht randständige Details eine Rolle spielen, sondern die prägenden Prozesse und Verläufe, die wesentlichen Entwicklungen und Ergebnisse zeitlich verankert sein sollten.

Die Aufgaben aus dem Bereich Geschichte testen neben den Inhalten hauptsächlich die Fähigkeit, mit vorgegebenen Materialien, etwa schriftlichen Quellen, Abbildungen, Schaubildern, Statistiken, schlussfolgernd umzugehen. Die Fertigkeit, aus einer Quelle Informationen zu entnehmen, eine Abbildung zu analysieren oder mit Zahlenmaterial aus Schaubildern und Statistiken zu arbeiten, das übt man nicht nur in Geschichte, sondern übergreifend in verschiedenen Schulfächern. Also lohnt es sich doch, im Unterricht „dabei zu sein".

Das Geschichtsbuch des laufenden Schuljahres sollte man sich zur Vorbereitung nicht nur unters Kopfkissen legen, sondern es bewusst wiederholend durcharbeiten. Daneben gibt es für die erste und zweite Hälfte des 20. Jahrhunderts zusammenfassende, meist gut illustrierte Werke („Jahrhundertübersichten"). Elektronische Nachschlagewerke und das Internet können sinnvollerweise genauso genutzt werden wie Informationen über denkwürdige geschichtliche Jubiläen, zum Beispiel hinsichtlich des Rückblicks auf das 20. Jahrhundert. Besonders bewährt sich das Trainieren des genauen Hinschauens, was Aufgabenstellungen betrifft. So gilt es die Aufgabe genau durchzulesen und die Arbeitsanweisung exakt zu befolgen. Für den Geschichtsbereich selbst sollte man üben, eine schriftliche oder bildliche Quelle zu befragen. Sich auf Landkarten orientieren zu können ist eine weitere Grundfähigkeit, über die man verfügen sollte, um erfolgreich in der Prüfung zu sein.

Aufgaben zu staatsbürgerlichen Kenntnissen

Staatsbürgerliche Kenntnisse werden unter anderem im Schulfach Sozialkunde erworben. Da aber nicht jeder Prüfungsteilnehmer bis zum Prüfungszeitpunkt in diesem Fach ausreichend lange unterrichtet worden ist, gilt auch hier: Vorsicht, die Auswahlprüfung ist keine schulische Probearbeit, keine Stegreifaufgabe oder Schulaufgabe, der Schulunterricht vorausgegangen ist. Deshalb bedarf auch dieser Bereich der eigenen Vorbereitung. Kundig machen sollte man sich zu diesen Themenfeldern:

1. **Grundgesetz für die Bundesrepublik Deutschland und Verfassung des Freistaats Bayern:** Aufbau, wichtigste Inhalte (z. B. Was regelt das Grundgesetz bzw. die Verfassung?), Grundrechte (Menschenwürde als oberster Wert, Schutz der Grundrechte, Gleichberechtigung von Frau und Mann usw.), Gewaltenteilung und Demokratie (z. B. das Volk als Souverän)

2. Die **Bestellung** und **Legitimierung staatlicher Macht:** Wahlen und Abstimmungen (Wahlen auf den verschiedenen Ebenen – Gemeinde, Kreis, Land, Bund, Europa; Bürgerentscheide und Volksentscheide in Bayern)

3. Das **parlamentarische System:** Institutionen und politische Prozesse (Ämter, Organe, Repräsentanten und ihre Funktion; politische Entscheidungsprozesse z. B. in der Gesetzgebung; Beteiligung Einzelner, von Interessenverbänden und Lobbys)

4. Das **föderale Prinzip:** der Bundesstaat (z. B. Aufgabenteilung Bund – Länder; die staatliche Hoheitlichkeit Bayerns; die staatliche Gliederung Bayerns)

5. Deutschland als Teil **Europas:** Europäische Union und europäische Gemeinschaften (Institutionen und politische Prozesse der EU; Partnerländer; gemeinsame Entscheidungsfindung; der Einzelne und seine Rechte als Europäer in der EU; Prozesse des Zusammenwachsens, z. B. „Euro“/Wirtschaftsraum; Erweiterung der EU; weitere europäische Zusammenschlüsse; Deutschlands historische Westbindung; Deutschland und Osteuropa; Friedenssicherung in Europa u. Ä.)

6. Deutschland – **Partner in der Welt:** Mitgliedschaften in internationalen Organisationen (z. B. UNO/Aufbau, Ziele); in der atlantischen Gemeinschaft (NATO); Deutschland und globale wirtschaftspolitische Fragen; Friedenssicherung, Hilfsmaßnahmen bei Katastrophen; Deutschland und die so genannte Dritte Welt

Wie kann man sich darauf vorbereiten?

Bei den genannten Themenfeldern und den angeführten Beispielen wird erneut deutlich, dass die Auswahlprüfung keine schulische Leistungserhebung darstellt. Die Aufgaben in diesem Prüfungsbereich erfordern eine über den Schulunterricht hinaus gehende Vorbereitung. Wer beispielsweise erst ein paar wenige Stunden Sozialkundeunterricht in der Schule bis zum Prüfungszeitpunkt erhalten hat, kann daraus wenig Wissen in die Prüfung mitnehmen. Es empfiehlt sich somit rechtzeitig, entsprechendes Lernmaterial zu besorgen und zu bearbeiten. Die Bayerische Landeszentrale für politische Bildungsarbeit, Brienner Str. 41, 80333 München, gibt kostenlos die Texte von Grundgesetz und bayerischer Verfassung ab. Außerdem erhält man dort mit Hilfe eines Bezieherausweises Schriften, Broschüren und Bücher, die sich gut zum Vorbereiten nutzen lassen. Erforderlich ist zudem, das politische Zeitgeschehen zu verfolgen und Hintergründe zu recherchieren. Bei Einzelfragen hilft sicher auch die Geschichts- und vor allem die Sozialkundelehrkraft weiter.

Genaues Analysieren der Aufgabenstellungen lohnt sich auch hier. Bei etlichen Einzelaufgaben wird Material (Texte, Statistiken, Schaubilder usw.) vorgegeben, so dass man im Bereich staatsbürgerlicher Kenntnisse wirklich nicht als wandelndes Lexikon antreten muss. Natürlich, eine Grundorientierung, ein Grundwissen ist Voraussetzung, um erfolgreich zu bestehen.

Aufgaben zu Wirtschaft und Recht

Hier werden grundlegende Kenntnisse aus den Bereichen Wirtschaft und Recht abgeprüft. Die Aufgabenstellungen beziehen sich dabei auf folgende Themenbereiche:

- Bedürfnisse, Bedarf, Einteilung der Güter und Dienstleistungen, ökonomisches Prinzip
- der Markt: Angebot und Nachfrage, Preisbildung, einfache Marktformen
- verantwortungsbewusstes Verbraucherverhalten
- soziale Marktwirtschaft als Wirtschaftsordnung
- wirtschaftliches Handeln in Unternehmen: Aufbau und Aufgaben eines Fertigungsunternehmens, betriebliche Produktionsfaktoren
- Geld und Zahlungsverkehr im Wandel: Entstehung und Arten, Aufgaben des Geldes, neue Techniken im Zahlungsverkehr
- Bedeutung und Aufgaben der Kreditinstitute, Bankgeschäfte
- Börse als Markt für Wertpapiere
- einfacher Wirtschaftskreislauf: Kreislaufbeziehungen Haushalt – Unternehmung
- der Mensch in der Arbeitswelt: Arbeitsmotive, Arbeitstugenden, neue Anforderungsprofile, Arbeitsmarkt, Bundesanstalt für Arbeit
- Arten und Folgen der Arbeitsteilung
- Berufsfindung und Berufsausbildung, Berufsausbildungsvertrag
- Erwerbseinkommen: Lohn und Gehalt, Sozialversicherungsbeiträge, Steuerabzüge
- Sozialpartner, Tarifvertrag, berufliche Interessenvertretungen
- Grundzüge der Rechtsordnung der Bundesrepublik Deutschland
- Rechts- und Geschäftsfähigkeit
- wichtige Verträge des Alltags, z. B. Kaufvertrag, Werklieferungsvertrag

Zur Vorbereitung auf die Prüfung eignen sich vor allem die Schulbücher. Zur Klärung von Zusammenhängen und noch wenig geläufiger oder unbekannter Begriffe eignen sich für Schüler zusammengestellte Nachschlagewerke, die im Buchhandel erhältlich sind.

Von großem Nutzen ist die laufende Information über aktuelle wirtschaftliche Vorgänge durch die Medien.

Wie man die einzelnen Fragetypen „knacken“ kann

Oft hat ein Prüfling genügend Sachwissen und scheitert trotzdem. Dies liegt häufig daran, dass er mit einer Fragestellung nichts anfangen kann, weil sie für ihn neu oder ungewohnt ist.

Deshalb werden im Folgenden die wichtigsten Fragetypen vorgestellt, die in den bisherigen Prüfungen vorkamen. Gleichzeitig wird erklärt, wie damit umzugehen ist.

Wissensfragen

(mit selbst zu formulierenden Antworten)

Fragen ohne Vorgabe von Material (seltene Aufgabenstellung)

Beispiel:

Nennen Sie **vier** der fünf Länder der Bundesrepublik Deutschland, in denen 20XX Wahlen zum Landesparlament stattgefunden haben.

Es geht hier um reines Faktenwissen; solche Fragen wollen überprüfen, ob man sich im Sinne der Prüfungsordnung informiert hat **und** ob diese Informationen auch „abrufbar gespeichert“ sind.

Fragen mit einem Text als Vorgabe

Um Fragen, die einen Text betreffen, gut beantworten zu können, ist es notwendig, den Text mindestens zweimal zu lesen. Ein erstes Durchlesen dient dazu, einen Überblick über die gesamte Themenstellung zu erhalten. Beim zweiten Lesen empfiehlt es sich, wichtige Begriffe bzw. Satzteile, welche eine gewisse Beziehung zu den gestellten Fragen aufweisen, zu unterstreichen oder herauszuschreiben.

Fragen zum Text können folgende Fähigkeiten verlangen:

- Begriffe aus dem Text herausfinden und erklären,
- kleinere Absätze zusammenfassen und mit eigenen Worten ein Ergebnis formulieren,
- Textstellen zur Begründung einer Antwort benützen,
- Textstellen interpretieren und mit eigenen Worten erklären,
- den Text nur als Hilfestellung zur Beantwortung einer Frage heranziehen.

Fragen mit einer Abbildung als Vorgabe

Wenn die Antwort auf Fragen durch Bildquellen erleichtert wird, dann lohnt es sich immer, die Abbildung genau zu betrachten. Meistens finden sich Hinweise auf mögliche Lösungen. Dabei sind auch vermeintlich nebensächliche Einzelheiten oder nicht im Vordergrund stehende Darstellungen von Bedeutung. Man kann in der Regel davon ausgehen, dass eine Abbildung, auf die sich eine Frage bezieht, nicht nur der Illustration dient.

Wissensfragen anhand einer Karte

Der **schriftliche Informationsteil** der Frage befasst sich meist mit dem, was auf der Karte dargestellt ist. Dabei ist es gleichgültig, ob es sich bei der Karte um eine geografisch genaue Darstellung oder nur um eine Faustskizze handelt, die nicht einmal eingenordet ist.

Beispiel:

Die nebenstehende Karte zeigt die Länder der Bundesrepublik Deutschland mit ihren Hauptstädten.

Schreiben Sie den Namen der jeweiligen Landeshauptstadt der Länder 1, 7 und 9 auf die entsprechende Linie.

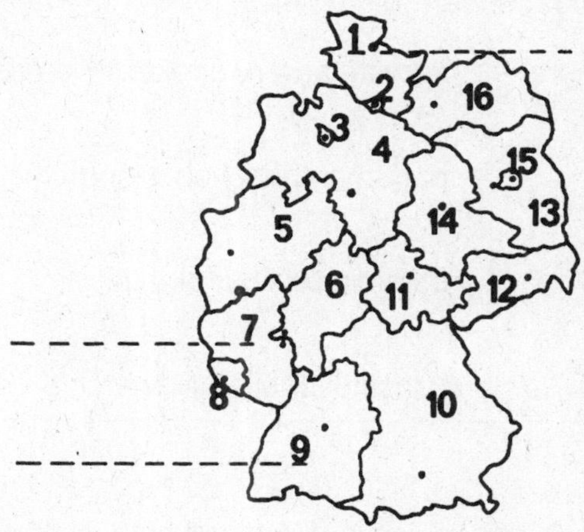

Welches Land ist gekennzeichnet durch die Nummer

4 = ______________________________

5 = ______________________________

6 = ______________________________

Die Angabe, dass es sich bei der Karte um die Darstellung der Länder der Bundesrepublik Deutschland mit ihren Hauptstädten handelt, müsste verhindern, dass das Kartenbild z. B. mit einer Darstellung der bayerischen Regierungsbezirke verwechselt wird (ganz abgesehen von den dafür nicht zutreffenden Zahlen).

Zur Lösung solcher Fragen kann man für sich (nicht auf dem Lösungsblatt) ruhig alle dargestellten Gebiete benennen, und zwar ausgehend vom Bekannten zum weniger Bekannten, etwa nach folgendem Verfahren:

Die beiden Bundesländer im Norden und Süden der Bundesrepublik sind bekannt:

1 = Schleswig-Holstein

10 = Bayern;

auch die Nachbarstaaten Bayerns sind bekannt:

9 = Baden-Württemberg

6 = Hessen

11 = Thüringen

12 = Sachsen;

ebenfalls bekannt sein müssten die beiden Stadtstaaten:

2 = Hamburg

3 = Bremen;

nun ist das kleine Bundesland 8 = Saarland eindeutig.

Jetzt bleiben noch die Ziffern 4, 5 und 7. Die dazugehörige Verteilung von Niedersachsen, Nordrhein-Westfalen und Rheinland-Pfalz sowie die Namen der Hauptstädte muss man allerdings ohne weitere Denkhilfen wissen.

Fragen mit Auswahlantworten

Bei solchen Fragen sind stets Antworten vorgegeben; diese sind nur nach verschiedenen Gesichtspunkten auszuwählen.

Nur eine der angegebenen Antworten ist richtig (und damit anzukreuzen)

Beispiel:

Die Verfassung der Vereinigten Staaten von Amerika ist nicht die einer parlamentarischen Demokratie, sondern die einer

unmittelbaren, direkten Demokratie	☐	a
parlamentarischen Monarchie	☐	b
präsidialen Demokratie	☐	c
konstitutionellen Monarchie	☐	d

Die neben der einzigen richtigen Antwort enthaltenen falschen Antworten sind so gewählt, dass sie bei Unkenntnis des Sachverhalts möglich erscheinen. Auch solche Fragen verlangen also Sachwissen. Allerdings sind in den falschen Antworten immer gewisse Hilfen enthalten, wenn Grundkenntnisse über den Sachverhalt vorliegen.

Z. B. wird bei der obigen Frage die Möglichkeit b wohl ausscheiden, da es keinen „König von Amerika" gibt („Monarchie"); dasselbe gilt für die Möglichkeit d. Damit fällt die Entscheidung nur noch zwischen a und c. Dazu müsste man jetzt wissen, dass die direkte Demokratie eine Alternative zur repräsentativen Demokratie ist, d. h., in einer direkten Demokratie sind die Wahlberechtigten direkt an der Abstimmung über Gesetze beteiligt (während das in der repräsentativen Demokratie eben die Repräsentanten, die gewählten Abgeordneten, besorgen). Da ein derartiges Verfahren aus den USA sicher niemandem bekannt ist, dafür aber der Präsident dort eine entscheidende Rolle spielt, stimmt wohl Möglichkeit c. Also hilft auch bei Aufgaben, bei denen nur eine Antwort richtig ist, eine gewisse Kombination von Wissen weiter.

Wenn es mit Wissen gar nicht mehr weitergeht, kann man selbstverständlich auch raten. Je geringer die Zahl der Entscheidungsmöglichkeiten dabei ist, um so höher die Wahrscheinlichkeit, richtig zu tippen.

Mehrere Antworten sind richtig

Wenn die Zahl der richtigen Antworten angegeben ist, so trägt das natürlich dazu bei, das Ergebnis leichter zu finden und zu überprüfen. Das ist aber nicht immer der Fall.

Beispiel:

Welche **vier** Aussagen sind kennzeichnend für die Zeit des Imperialismus?	Die Sklaverei spielt eine wichtige Rolle	☐	a
	Es geht um Gewinnung von Rohstoffen	☐	b
	Die eigene nationale Größe spielt keine Rolle	☐	c
	Ein Wettlauf um Kolonien findet statt	☐	d
	Es geht um neuen Siedlungsraum für den Bevölkerungsüberschuss	☐	e
	Bewaffnete Konflikte werden streng vermieden	☐	f
	Es geht um den Abbau der Vorherrschaft europäischer Staaten	☐	g
	Neue Absatzmärkte werden erschlossen	☐	h

Auch ohne das Wort **vier** bei der Aufgabenstellung wäre die Aufgabe lösbar, allerdings unter erschwerten Bedingungen.

Neben dem Sachwissen zum jeweiligen Fragegegenstand ist auch wieder genaues Lesen der Antworten nötig; denn mitunter finden sich Widersprüche bei den verschiedenen Antworten, so dass sich manche inhaltlich ausschließen. Im obigen Beispiel lassen sich die Möglichkeiten d und f wohl kaum miteinander vereinbaren; auch passt g kaum zu b und h.

Ratsam ist also stets, eine gewisse Zusammengehörigkeit bei den Antworten herauszufinden; dann ergeben sich leichter die richtigen Antworten auf die Frage.

(Die richtigen Lösungen zum obigen Beispiel: b, d, e und h)

Bei jeder Antwort ist „richtig“ oder „falsch“ anzukreuzen
Diese Frageform unterscheidet sich von der vorhergehenden nur dadurch, dass bei jeder Aussage die Entscheidung „richtig“ oder „falsch“ zu treffen ist.

Beispiel:

Kreuzen Sie bei den folgenden Aussagen über die Wahlen in der Bundesrepublik Deutschland „richtig“ (r) oder „falsch“ (f) an.

Die wahlberechtigte Bevölkerung wählt	r	f	
den Bundestag, den Bundeskanzler und die Länderparlamente			a
die Bundesversammlung, den Bundestag und den Bundesrat			b
den Bundestag und das jeweilige Landesparlament			c
den Bundestag, die Bundesversammlung und den Bundeskanzler			d

Die Zahl der richtigen Lösungen ist nicht vorgegeben, so dass theoretisch alle Antworten richtig oder falsch sein können. Es hilft also nur sehr sorgfältiges Lesen und Überlegen.

(Nur c ist in diesem Falle richtig, da weder der Bundeskanzler noch der Bundesrat noch die Bundesversammlung von den Wahlberechtigten unmittelbar zu wählen sind.)

Zuordnungsaufgaben

Bei solchen Aufgaben geht es darum, aus zwei Gruppen von Elementen die jeweils zusammengehörigen zu finden. Die Elemente in den Gruppen können verschiedenster Natur sein.

Personen sind Taten zuzuordnen

Die Zuordnung wird oft dadurch erschwert, dass die Taten einander ähneln.

Beispiel:

Die folgenden Namen haben mit der Zeit der industriellen Revolution und deren sozialen Folgen zu tun. Schreiben Sie die Kennziffern der Namen zu den dazugehörigen Aussagen.

①	Adolf Kolping	◯	verfasst das Kommunistische Manifest.
②	Ferdinand Lassalle	◯	gründet die Innere Mission.
③	Karl Marx	◯	nutzt die Dampfmaschine industriell.
④	Werner von Siemens	◯	begründet den Allgemeinen Deutschen Arbeiterverein.
⑤	James Watt	◯	schafft den Gesellenverein.
⑥	J. H. Wichern	◯	erfindet den Dynamo.

Hierbei ist es ratsam, die Personen zuerst in verschiedene Gruppen zu unterteilen, z. B.

Erfinder: 4 – 5
Theoretiker: 3
Sozial Tätige: 1 – 2 – 6

Genauso kann man die Taten ordnen:

Erfindung: Dampfmaschine, Dynamo
Kampfschrift, Theorie: Kommunistisches Manifest
Soziale Einrichtung: Innere Mission, Gesellenverein (Allgemeiner Deutscher Arbeiterverein)

Die Zuordnung ist dann zum großen Teil schon vorgegeben bzw. wird erleichtert; ganz ohne Sachkenntnisse geht es aber nicht. Man muss eben wissen, dass James Watt und die Dampfmaschine (1765) zusammengehören, denn Siemens erfand den Dynamo erst 100 Jahre später. Marx und das Kommunistische Manifest sind eindeutig als zusammengehörig identifiziert. Schwierig wird es bei den drei restlichen „Taten". Man sollte Lassalle als den Begründer des Allgemeinen Deutschen Arbeitervereins (und Mitbegründer der deutschen Sozialdemokratie) kennen, ebenso einen der beiden Theologen, die sich sozial engagierten: der evangelische Wichern gründete die Innere Mission, der katholische Kolping den Gesellenverein.

Wenn mit Schlussfolgerungen nicht mehr weiterzukommen ist und auch das Sachwissen fehlt, hat man auch hier noch die Chance, durch Raten Punkte zu sammeln. Das sollte zwar die letzte Möglichkeit sein; aber lieber raten, als eine Frage unbeantwortet lassen.

Aussprüche sind Personen zuzuordnen (und umgekehrt)

Hier kommt es darauf an, Kennzeichen der Zeit ebenso wie Charaktereigenschaften von Personen aus den Aussprüchen zu entnehmen und diese dann den Urhebern zuzuordnen.

Beispiel:

Schreiben Sie die Kennbuchstaben der folgenden Aussprüche neben den Namen dessen, von dem der Ausspruch stammt.

a) „Mein Wagemut kann mich den Thron kosten, aber ich werde die Welt unter seinen Trümmern begraben."	Ludwig I. von Bayern ____
b) „Jeder soll nach seiner Fasson selig werden."	Napoleon I. ____
c) „Ich will aus München eine Stadt machen, die Deutschland so zur Ehre gereichen soll, dass keiner Deutschland kennt, wenn er nicht München gesehen hat."	Nelson ____
d) „England erwartet, dass jedermann seine Pflicht tut."	Friedrich der Große ____
e) „Ich habe bestimmte Ziele, zu denen mir mitunter die Linke, mitunter die Rechte (im Reichstag) geholfen hat."	Bismarck ____

Auch jetzt sollte man zuerst nach Paaren suchen, von deren Zusammengehörigkeit man am ehesten überzeugt ist.

So sollte bei Ludwig I. der Hinweis **von Bayern** genügen, um auf den dazugehörigen Ausspruch c („München") zu kommen; keine der übrigen Personen kann an einem derartigen Vorhaben interessiert gewesen sein.

Ausspruch d ist einem Engländer zuzuschreiben; die Auswahl an Namen lässt als Lösung nur (Admiral) Nelson zu.

Antwort e enthält den Hinweis auf ein Reich („Reichstag"); ein solches hat in Deutschland nur vor 1806 und nach 1871 existiert. Damit ist dieser Ausspruch nur Bismarck zuzuschreiben. Nun bleibt noch die Wahl zwischen zwei Herrschern: Ausspruch a ist zweifellos revolutionärer als Ausspruch b; damit ist klar, dass a zu Napoleon I. und b zu Friedrich dem Großen gehört. Wenn man einen Teil der Aussprüche zugeordnet hat, ergeben sich die restlichen Paare oft von selbst: Durch zusätzliche Schlüsse aus dem Charakter der Personen und aus den Kennzeichen der Zeit, in der sie lebten, kann man die Zuordnung überprüfen.

Sachverhalte sind einander zuzuordnen

a) **Ländernamen sind einem Kartenbild zuzuordnen**

Beispiel:

Die folgende Karte zeigt Europa nach dem Wiener Kongress 1815.

Schreiben Sie die Ziffern aus der Karte neben die dazugehörigen Ländernamen. Da mehr Namen als Ziffern vorhanden sind, bleiben einige Namen ohne Bezifferung.

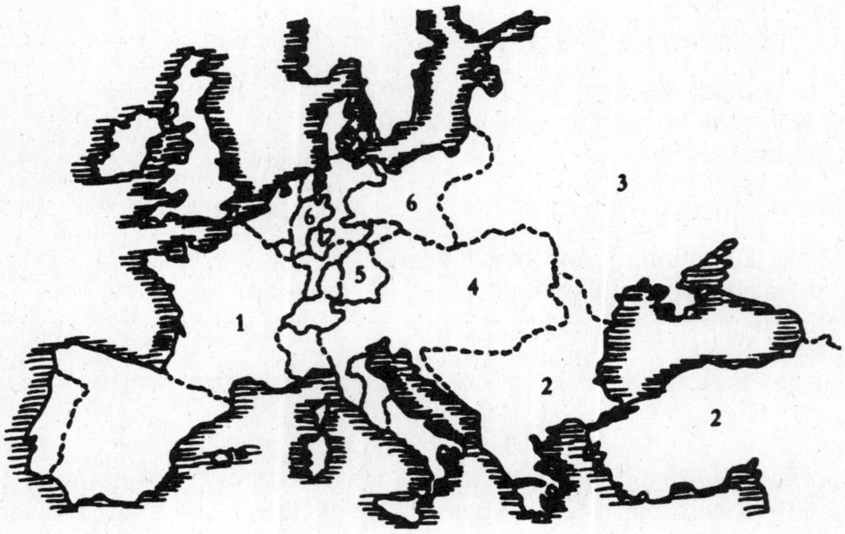

Kaiserreich Russland	____	Königreich Frankreich	____
Königreich der Vereinigten Niederlande	____	Königreich beider Sizilien	____
Kaiserreich Österreich	____	Königreich Bayern	____
Osmanisches Reich	____	Königreich Preußen	____
Deutsches Reich	____	Königreich Hannover	____

Die Kenntnis, wo die wichtigsten Länder auf der Karte zu finden sind, ist bei derartigen Fragen unbedingt nötig. Zur Vorbereitung ist deshalb immer wieder der Atlas zu benutzen. Dazu kommt, dass man genau lesen muss, vor allem, wenn mehr Elemente vorgegeben sind als zuzuordnen sind; denn es können auch Namen von Staaten verzeichnet sein, die es zur angegebenen Zeit nicht mehr oder noch nicht gegeben hat.
Wie geht man nun bei der Lösung vor?
Am Anfang stehen wieder die Antworten, bei denen man sich sicher ist:

Kaiserreich Russland = 3 (Landmasse im Osten)
Osmanisches Reich = 2 (europäischer und asiatischer Teil)
Königreich Frankreich = 1 (muss klar sein);

die Ziffer 6 kommt zweimal vor, es handelt sich also um ein Staatsgebiet aus zwei getrennten Teilen; das kann bei der Lage in Mitteleuropa nur Preußen sein.

Unter der Annahme, dass man bei den Ziffern 4 und 5 noch unsicher ist, kann man nun versuchen, in der Liste der Ländernamen **die** auszustreichen, die bestimmt nicht für 4 und 5 in Frage kommen; das sind auf jeden Fall das Königreich der Niederlande (aus der Lage zu entnehmen), das Deutsche Reich (existiert 1815 nicht) und das Königreich beider Sizilien (aufgrund der Lage). Somit bleiben nur noch das Kaiserreich Österreich, das Königreich Bayern und das Königreich Hannover. Da 4 und 5 aneinander grenzen, kann es sich nur um Bayern und Österreich handeln; der größere Staat ist auf jeden Fall Österreich (Großmacht!): daher Bayern = 5 und Österreich = 4.
Auch bei derartigen Zuordnungsaufgaben geht man also vom Bekannten zum Unbekannten und wechselt in der Betrachtung der beiden vorgegebenen Sachverhalte ab.

b) **Begriffe sind einer Skizze zuzuordnen**

Hier wird verlangt, die Aussage der Skizze zu erkennen, sofern diese nicht zusätzlich erläutert wird, und die Begriffe dann richtig zuzuordnen.

Beispiel:

a) Tragen Sie die **Kennziffern** der folgenden Institutionen in die Kreise ein; je größer der Kreis, desto größer das Zuständigkeits**gebiet.**

b) Geben Sie ferner an, für wie lange in der Regel jede Institution gewählt ist!

1 = Bezirkstag (____ Jahre)

2 = Bundestag (____ Jahre)

3 = Kreistag (____ Jahre)

4 = Landtag (____ Jahre)

5 = Gemeinde-(Stadt-)rat (____ Jahre)

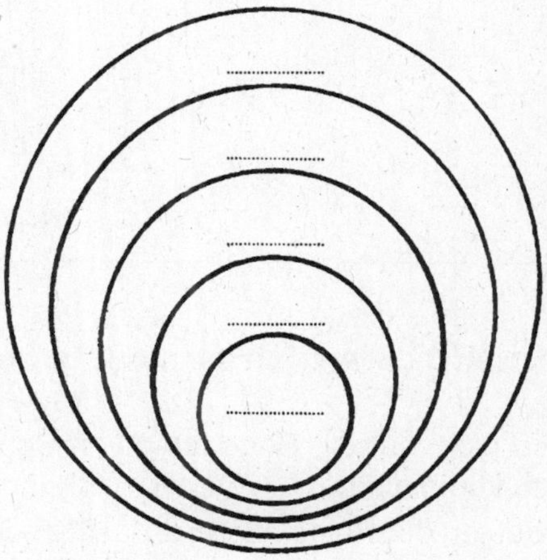

Die Aussage der Skizze ist beim obigen Beispiel erläutert; es ist also immer genau die Fragestellung zu lesen und es empfiehlt sich, die wichtigen Bestandteile der Frage zu unterstreichen.

Die Arbeitsanweisung bei Frageteil b bleibt hier außer Betracht, da es sich dabei um eine selbst zu formulierende Antwort auf eine **Wissensfrage** handelt.

Lösungsweg:

Die kleinste Einheit (also der innerste Kreis) bildet die **Gemeinde;** dies dürfte sicheres Wissen sein. Dass die **Bundesrepublik** die größte Einheit darstellt, ist ebenfalls klar; da diese aus Ländern besteht, kann die zweitgrößte Einheit nur das **Land** sein. Zwischen Kreisen und Bezirken fällt die letzte Entscheidung; es muss bekannt sein, dass es in Bayern sieben Regierungsbezirke gibt, von denen jeder aus einer Reihe von Landkreisen besteht. Also stehen die **Bezirke** über den **Kreisen** und es ergibt sich die Reihenfolge

2
4
1
3
5

Auch hier gilt die Grundregel: vom sicher Gewussten zum weniger sicheren!

Begriffe sind einander zuzuordnen

Solche Fragen sind häufig auch noch mit Verneinungen oder dem „Gegenteil" verknüpft, so dass genaues Hinsehen bei der Fragestellung unbedingt notwendig ist.

Beispiel:

Folgende Begriffe stehen in Gegensatz zu „Bundesstaat“:
(2 richtige Antworten)

	richtig	falsch
Föderalismus	☐	☐
Länderparlamente	☐	☐
Einheitsstaat	☐	☐
Zentralismus	☐	☐
Ländergesetzgebung	☐	☐

Im obigen Beispiel ist die Antwort dann richtig, wenn der angegebene Begriff einen Gegensatz zu Bundesstaat enthält.
Man muss also nicht nur die Bedeutung von Begriffen kennen, sondern auch in der Lage sein, verschiedene Denkschritte zu kombinieren.
Man geht am besten der Reihe nach vor, lässt aber ruhig einen Begriff aus, wenn man im Augenblick die Antwort nicht sicher weiß. Nach dem ersten Durchgang finden sich oft die restlichen Lösungen. Helfen kann auch die angegebene Zahl der „Richtig“-Lösungen.

Mit einer Hilfsstruktur wird die Arbeit erleichtert:

Kennzeichen des Bundesstaates (im Fragesinn „falsch“)	Keine Kennzeichen des Bundesstaates (im Fragesinn „richtig“)
Föderalismus	Einheitsstaat
Länderparlamente	Zentralismus
Ländergesetzgebung	

Ein solches „Vorsortieren“ erleichtert die Lösung dieser und ähnlicher Aufgaben. Entscheidend für die Beantwortung ist aber die jeweilige Fragestellung.

Begriffe sind einer Erklärung zuzuordnen – und umgekehrt

Beispiel 1:

Ordnen Sie jeder Erklärung einen der aufgeführten Begriffe zu.

1) Bundestag
2) Bundesrat
3) Bundeskanzler
4) Bundesregierung
5) Bundespräsident
6) Bundesversammlung
7) Bundesverfassungsgericht
8) Bundesminister

Vertritt den Bund völkerrechtlich	☐	a
Dient zur Wahl des Staatsoberhauptes in der Bundesrepublik Deutschland	☐	b
Bestimmt die Richtlinien der Politik	☐	c
Dient der Mitwirkung der Länder an der Gesetzgebung und Verwaltung des Bundes	☐	d

Da bei einer solchen Fragestellung in der Regel mehr Begriffe als Erklärungen vorhanden sind, ist Sachkenntnis ebenso wichtig wie genaues Lesen der Erklärungen. (Richtig ist: a-5, b-6, c-3, d-2)

Beispiel 2:

Lohnformen

Lohnformen sind Verfahren, nach denen das Arbeitsentgelt berechnet wird. Man unterscheidet **(A)** Zeitlohn **(B)** Akkordlohn **(C)** Prämienlohn **(D)** Gewinnbeteiligung.

Tragen Sie in die rechte Spalte der Tabelle den jeweils zutreffenden Kennbuchstaben ein.

Beschreibung der Lohnform	Kennbuchstabe
a) Einem Mitarbeiter wird nach dem Jahresabschluss eine einmalige Vergütung, z. B. in Form von Belegschaftsaktien, gewährt.	
b) Die Lohnhöhe ist vom Leistungsgrad abhängig und berechnet sich z. B. aus einem Grundlohn und der Vorgabe einer so genannten Stückzeit.	
c) Die im Betrieb verbrachte Arbeitszeit ist Grundlage für die Lohnhöhe, unabhängig davon, wie viel in dieser Zeit geleistet worden ist.	
d) Zusätzlich zum vereinbarten Grundlohn wird ein Zuschlag, z. B. für besonders sorgfältige Arbeit, gezahlt.	

Lösung: a-D; b-B; c-A; d-C

Begriffe oder Sachverhalte sind ihren Abkürzungen zuzuordnen

Bei solchen Fragen ist neben der Kenntnis, was Abkürzungen bedeuten, auch etwas Kombinationsvermögen erforderlich; man kann nämlich durch Überlegen, was denn die einzelnen Buchstaben der Abkürzungen bedeuten, durchaus die eine oder andere Lösung finden (gerade dann, wenn die Lösungen nur zuzuordnen sind).

Beispiel:

Die Massenmedien beziehen ihre Meldungen zum Teil von den großen Nachrichtenagenturen. Ordnen Sie den unten rechts stehenden Ländern die links aufgeführten Agenturen richtig zu. Es genügt die Angabe des entsprechenden Kennbuchstabens.

Zur Auswahl stehen:

dpa	(a)	Bundesrepublik Deutschland	________
ITAR-TASS	(b)	Frankreich	________
AFP	(c)	Großbritannien	________
Tanjug	(d)	Serbien	________
Reuter	(e)	Russland	________

In obigem Beispiel kann aus dem -jug in Tanjug auf **Jug**oslawien (und damit Serbien) geschlossen werden; die beiden SS in TASS entsprachen den SS in Ud**SS**R (Sowjetunion), das F in AFP gehört wohl zu **F**rankreich.

Wissen muss man den Namen der Nachrichtenagentur in der Bundesrepublik Deutschland (dpa); Reuter bleibt dann für Großbritannien übrig, sofern man diese berühmte Nachrichtenagentur nicht sowieso kennt.

Auch wenn eine solche Aufgabe auf Anhieb schwer lösbar erscheint, kann logisches Kombinieren meist weiterhelfen.

Statistiken auswerten

Wenn eine Statistik als Arbeitsmaterial vorgegeben ist, so ist Folgendes zu beachten:

1. Welche zusammenfassende Aussage zum Inhalt der Statistik ist angegeben?

Beispiel:

Die folgende Tabelle gibt einen Überblick über Bevölkerung, Haushalte und Beschäftigung in der Bundesrepublik Deutschland in den Jahren 1980 bis 1989.

Darin sind folgende Informationen enthalten:
- die Bevölkerungszahl, die Zahl der privaten Haushalte, die Beschäftigung (Angaben in 1000),
- betreffend die Bundesrepublik Deutschland,
- im Zeitraum von 1980 bis 1989.

Solche Grundinformationen werden mit Sicherheit bei der Fragestellung wieder auftauchen.

2. Welche zusätzlichen Informationen liefert die Struktur der Statistik?

Beispiel:

Bevölkerung - Haushalte - Beschäftigung
Angaben in 1000

Jahr	Bevölkerung	Lebendgeborene	Überschuß Geborene (+) bzw. Gestorbene (–)	Privathaushalte	Erwerbstätige Jahresdurchschnitte	Arbeitslose
1980	61 566	621	– 93	24 811	27 059	889
1982	61 638	621	– 95	25 336	26 725	1 833
1984	61 175	584	– 112	-	26 393	2 266
1985	61 024	586	– 118	26 367	26 593	2 304
1986	61 066	626	– 76	26 739	26 960	2 228
1987	61 077	642	– 45	27 006	27 157	2 229
1988	61 450	677	– 10	27 403	27 354	2 242
1989	62 260	682	– 16	27 793	27 729	2 038
	①	②	③	④	⑤	⑥

- Spalte 1 enthält die Bevölkerungszahl pro Jahr (insgesamt);
- Spalte 2 und 3 erfassen die Entwicklung der Bevölkerungszahl durch die Angabe der Lebendgeborenen und des Überschusses der Geborenen (+) bzw. Gestorbenen (-);
- Spalte 4 enthält die Zahl der privaten Haushalte (insgesamt);
- Spalte 5 bezieht sich auf die Jahresdurchschnittswerte der Zahl der Erwerbstätigen (insgesamt);
- Spalte 6 beinhaltet die Zahl der Arbeitslosen (insgesamt).

Auch Zusatzinformationen durch die Struktur einer Statistik werden in der Fragestellung wieder aufgenommen.

3. Welchen Denkvorgang verlangt die Fragestellung?

Beispiel a:

Fragen zur Statistik mit freier Antwort

Wie entwickelte sich die Zahl der Erwerbstätigen in der Bundesrepublik Deutschland zwischen 1985 und 1989?

Antwort: Die Zahl der Beschäftigten hat zugenommen.

oder

In welchem Jahr war die Zahl der Arbeitslosen am höchsten?

Antwort: 1985

Beispiel b:

Fragen zur Statistik mit vorgegebenen Antworten zur Auswahl

Die Zahl der privaten Haushalte in der Bundesrepublik Deutschland ist zwischen 1980 und 1989

stetig gestiegen ☒

gleich geblieben ☐

zurückgegangen ☐

Beispiel c:

Fragen zur Statistik mit vorgegebenen Antworten, die auf ihre sachliche Richtigkeit zu prüfen sind (richtig oder falsch)

Die Bevölkerungszahl und die Zahl der Lebendgeborenen haben zwischen 1985 und 1989 stetig zugenommen.

Antwort: richtig

Die statistischen Angaben sind also anhand folgender Schlüsselbegriffe zu untersuchen:

- Bevölkerungszahl,
- Zahl der Lebendgeborenen,
- Zeitraum zwischen 1985 und 1989,
- stetig zugenommen (= Zunahme von Jahr zu Jahr).

Vorgehensweise: Zuerst Teilaussage 1 von Jahr zu Jahr fortschreitend in Spalte 1 betrachten; Ergebnis: Die Aussage stimmt. Dann Teilaussage 2 von Jahr zu Jahr fortschreitend in Spalte 2 betrachten; Ergebnis: Die Aussage stimmt ebenfalls. Da also beide Teilaussagen richtig sind, ist auch die Gesamtaussage richtig. Wäre nur eine Teilaussage richtig gewesen, hätte die Gesamtaussage als falsch bezeichnet werden müssen.

Bei den Beispielen **a** bis **c** ist es vor allem wichtig, jedes Wort in der vorgegebenen Aussage genau zu beachten. Sachkenntnisse sind dabei nicht entscheidend, können aber bei der Lösung hilfreich sein (Kontrolle!).

Beispiel d:

Fragen zur Statistik mit vorgegebenen Antworten, die aber nicht auf ihre sachliche Richtigkeit hin zu überprüfen sind, sondern daraufhin, ob sie so der Statistik entnommen werden können.

Die Arbeitslosenquote ist von 1988 auf 1989 gesunken.

Antwort: falsch; denn diese Aussage ist – ungeachtet der Tatsache, dass sie sachlich richtig sein kann – aus der Statistik nicht zu entnehmen!

Bei der Beantwortung solcher Fragen darf man sich nicht vom eigenen Wissen zu einer vorschnellen Antwort verführen lassen, die durchaus sachlich richtig sein kann, aus der Statistik aber nicht hervorgeht.

4. Welche Wörter kommen sowohl in den Fragen oder Aussagen als auch in der vorgegebenen Statistik vor?

Wer aufmerksam liest, erhält dabei immer den Hinweis, welche Einzelteile einer Statistik (Spalte/Reihe) jeweils zu untersuchen sind.

Wichtiger Hinweis: Was hier zum Auswerten von Statistiken gesagt wird, gilt voll und ganz auch für Schaubilder (z. B. Kurven-, Stab- und Kreisdiagramme).

Aussagen grafischer Darstellungen beschreiben

Grafische Darstellungen zu „lesen", auszuwerten und zu beurteilen ist meist recht schwierig. Die Aufgabenstellung beschränkt sich deshalb in der Regel auf ein Multiple-Choice-Verfahren, bei dem nur eine oder mehrere richtige Antworten anzukreuzen sind. Gelegentlich wird man jedoch auch aufgefordert, Aussagen grafischer Darstellungen mit eigenen Worten zu beschreiben.

Beispiel:

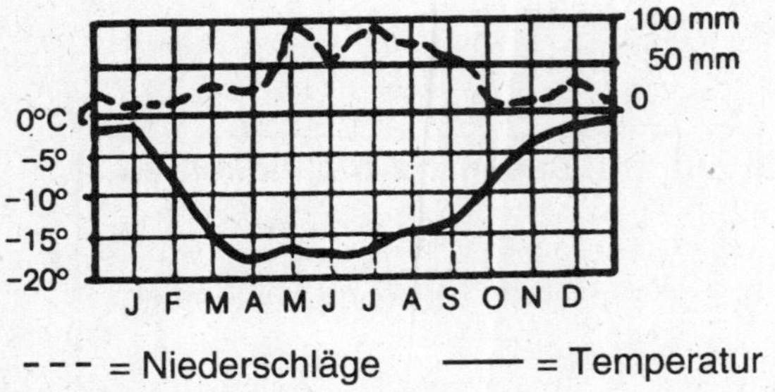

Das links abgebildete Diagramm gibt die klimatischen Verhältnisse

O des Nordpolargebiets

O des Südpolargebiets

wieder

Kreuzen Sie das Ihrer Meinung nach richtige Gebiet an, und begründen Sie kurz Ihre Entscheidung (Stichpunkte genügen).

____

____

Um zu überprüfen, ob der Prüfungskandidat das richtige Ergebnis eventuell nur erraten hat, muss die Entscheidung kurz begründet werden. Das tut man am besten dadurch, dass man seine Beobachtungen mit einfachen Worten beschreibt, z. B.: „Die Temperaturen sinken von Januar bis April stark ab, bleiben dann ungefähr bis August gleichmäßig niedrig und steigen dann bis Dezember stark an." Damit hat man den ersten Teil der Begründung bereits fertig. Man könnte weiterfahren: „Bei uns (auf der Nordhalbkugel) ist der Temperaturverlauf genau umgekehrt, also kann es sich nur um die Südhalbkugel handeln."

Dasselbe lässt sich selbstverständlich auch in Stichworten formulieren, z. B.: „Temperaturrückgang von Januar bis April – tiefste Temperatur von April bis August – Temperaturanstieg von August bis Dezember = typisches Kennzeichen für Südhalbkugel, da genau umgekehrt wie bei uns."

Die Art der Formulierung bleibt freigestellt, falls nicht ausdrücklich ganze Sätze verlangt sind; denn hier ist in erster Linie die inhaltliche Richtigkeit entscheidend, nicht aber die sprachliche Vollkommenheit.

Schaubilder auswerten

Beispiel:

Kreuzen Sie an, ob die folgenden Aussagen den Inhalt des Schaubildes wiedergeben (= ja) oder nicht (= nein).

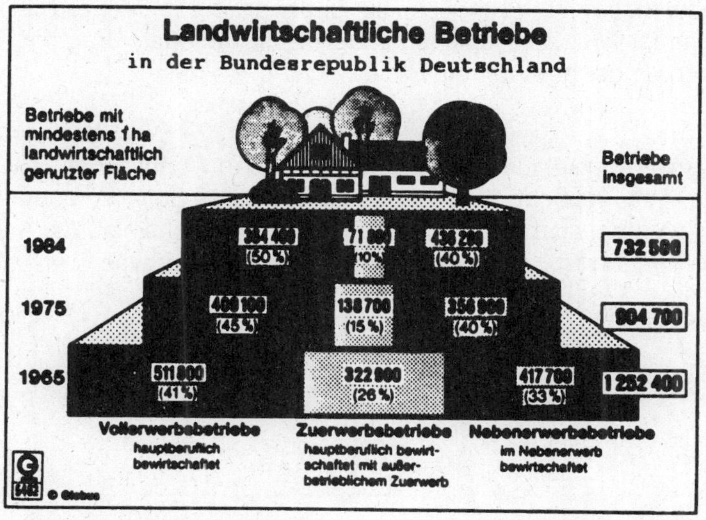

	ja	nein
a) Der Anteil der Vollerwerbsbetriebe hat sich von 1965 bis 1984 verringert.	☐	☐
b) Die Zahl der in der Landwirtschaft Beschäftigten hat sich zwischen 1965 und 1984 fast halbiert.	☐	☐
c) Der Anteil der Zuerwerbsbetriebe hat von 1975 bis 1984 zugenommen.	☐	☐
d) Die Zahl der landwirtschaftlichen Betriebe ist von 1965 bis 1984 zurückgegangen.	☐	☐
e) Die Zahl der Nebenerwerbsbetriebe war 1984 genauso groß wie 1975.	☐	☐

Diese Aufgabe besteht aus zwei Teilen, nämlich aus einem Schaubild, das man zunächst einmal „enträtseln" muss, und aus einem Textteil, der sich auf das Schaubild bezieht. Man sollte sich als Erstes in Ruhe das Schaubild betrachten. Es enthält drei verschiedene Arten von Informationen:

1. Texte (z. B. die Überschrift)
2. Zahlen (z. B. Jahreszahlen)
3. Grafiken (z. B. das Bild des Bauernhofes, Kästchen)

Die **Texte** verraten, dass

- es um die landwirtschaftlichen Betriebe in der Bundesrepublik Deutschland geht,
- die dargestellten Betriebe eine bestimmte Mindestgröße haben,
- rechts die absolute Zahl aller Höfe angegeben ist,
- die linken Kästchen die Vollerwerbsbetriebe vertreten,
- die mittleren Kästchen die Zuerwerbsbetriebe vertreten,
- die rechten Kästchen die Nebenerwerbsbetriebe vertreten.

Zu den **Zahlen**:

- Links stehen die Jahreszahlen (Vorsicht: Die Jahreszahlen werden unüblicherweise von unten (1965) nach oben (1984) gezählt.
- In den Kästchen stehen absolute Zahlen für die Zahl der Bauernhöfe und dazugehörige Prozentzahlen (in Klammern).

- Rechts steht die Gesamtzahl der Betriebe, die sich aus der Summe der in den drei Kästchen aufgeführten Einzelzahlen ergibt. (Wer hier die Probe aufs Exempel macht, wird jedoch feststellen, dass dem „Globus" einige Rechenfehler unterlaufen sind.)
- Die Zahlen, die in einer Reihe stehen, gehören zusammen, z. B.:

1965 gab es in der Bundesrepublik Deutschland insgesamt 1 252 400 Bauernhöfe (über 1 ha), davon 511 800 Vollerwerbsbetriebe, 322 900 Zuerwerbsbetriebe und 417 700 Nebenerwerbsbetriebe. Die Prozentzahlen in Klammern ergeben in einer Reihe immer 100. Die Kästchen in den verschiedenen Grautönen dienen in erster Linie der Veranschaulichung (ähnlich wie der gezeichnete Bauernhof).

Wenn man das Suchbild derart intensiv „entschlüsselt" hat, wird die Beantwortung der Teilaufgabe (a bis e) keine Schwierigkeiten mehr bereiten. Aber Vorsicht: Zu der Aussage b gibt das Schaubild überhaupt keine Information, hier muss „nein" angekreuzt werden, auch wenn die Aussage an sich richtig ist. Bei Aufgaben, in denen die Auswertung von Schaubildern verlangt wird, ist es besonders wichtig, die Arbeitsanweisung ganz genau zu lesen und zu befolgen.

Lösung:

	ja	nein
a) Der Anteil der Vollerwerbsbetriebe hat sich von 1965 bis 1984 verringert.	☐	☒
b) Die Zahl der in der Landwirtschaft Beschäftigten hat sich zwischen 1965 und 1984 fast halbiert.	☐	☒
c) Der Anteil der Zuerwerbsbetriebe hat von 1975 bis 1984 zugenommen.	☐	☒
d) Die Zahl der landwirtschaftlichen Betriebe ist von 1965 bis 1984 zurückgegangen.	☒	☐
e) Die Zahl der Nebenerwerbsbetriebe war 1984 genauso groß wie 1975.	☐	☒

Aus Texten, Schaubildern, Grafiken usw. Schlussfolgerungen ziehen

Ähnlich wie im Prüfungsteil 1 (Deutsch) findet sich auch im Prüfungsteil 2 (Allgemeine Kenntnisse) gelegentlich ein Aufgabentyp, bei dem man einem vorgegebenen Schaubild, einer Grafik oder einer Statistik Informationen entnehmen und dann aus ihnen logische Schlussfolgerungen ziehen muss.

Beispiel 1:

1.3.1 Das neue Deutsche Reich war ein Bundesstaat. Neben „Preußen", „Bayern", „Württembergern" usw. gab es nun erstmals auch „Deutsche" im staatsrechtlichen Sinne. Das Deutsche Kaiserreich war kein reiner Nationalstaat, denn zu ihm gehörten u. a. im Osten starke polnische Bevölkerungsteile (2,4 Mio.), im Westen gab es französischsprachige Elsässer und Lothringer sowie im Norden Einwohner dänischer Herkunft.

A Auch wer im neuen Deutschen Reich die deutsche Sprache nicht beherrschte, war Deutscher im staatsrechtlichen Sinn.

B Da es im neuen Deutschen Reich nur „Deutsche" gab, wurde es als Nationalstaat bezeichnet.

C Erstmals in der Geschichte gab es keine Preußen, Bayern und Württemberger mehr, sondern nur noch Deutsche.

☐ Nur die Aussage A lässt sich ableiten.

☐ Nur die Aussage B lässt sich ableiten.

☐ Nur die Aussage C lässt sich ableiten.

☐ Nur die Aussagen A und B lassen sich ableiten.

☐ Nur die Aussagen A und C lassen sich ableiten.

☐ Nur die Aussagen B und C lassen sich ableiten.

☐ Alle Aussagen lassen sich ableiten.

Beispiel 2:

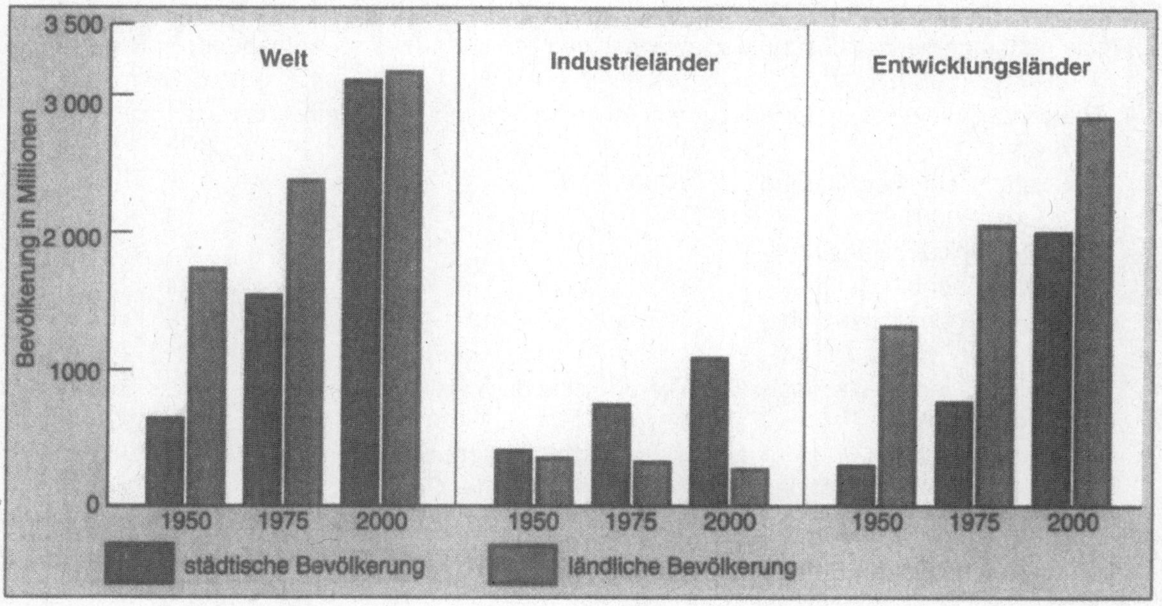

5.4.2 Welche der folgenden Aussagen kann bzw. können aus dem Schaubild abgeleitet werden? Kreuzen Sie das entsprechende Leerfeld an.

A Weit über die Hälfte der städtischen Bevölkerung wird im Jahr 2000, im Gegensatz zu den Jahren vorher, in den Entwicklungsländern leben.

B Im Zeitraum von 1950 bis 2000 wird die Zahl der Menschen, die auf dem Land leben, viel schneller gestiegen sein als die Zahl derer in den Städten.

C Die Grafik zeigt für die Industrieländer im erfassten Zeitraum einen ungefähr gleich hohen Anteil der ländlichen Bevölkerung an der Gesamtbevölkerung.

☐ Nur die Aussage A kann abgeleitet werden.

☐ Nur die Aussage B kann abgeleitet werden.

☐ Nur die Aussage C kann abgeleitet werden.

☐ Nur die Aussagen A und B können abgeleitet werden.

☐ Nur die Aussagen B und C können abgeleitet werden.

Die beiden Aufgabenbeispiele zeigen die Grundstruktur dieses Aufgabentyps: In einem ersten Schritt muss man überprüfen, welche der Aussagen sich tatsächlich aus dem Text ableiten lässt. Die Betonung liegt dabei aus „ableiten"; denn in der Aufgabenstellung heißt es ausdrücklich nicht: Welche der folgenden Aussagen findet sich so im Text oder in der Grafik?

Das beweist recht deutlich das erste Aufgabenbeispiel, dessen einzelnen Teile im Folgenden etwas ausführlicher analysiert werden sollen:

Zu Aussage A: Gefragt ist, ob es im Deutschen Reich auch Staatsbürger gab, die der deutschen Sprache gar nicht mächtig waren. Liest man den Basistext genau durch, wird man feststellen, dass in ihm überhaupt nicht von der „deutschen Sprache" die Rede ist, wohl aber davon, dass es „polnische Bevölkerungsteile", „französischsprachige Elsässer und Lothringer" sowie „Einwohner dänischer Herkunft" gab. Es ist zwar zu vermuten, dass auch diese Bevölkerungsteile des Deutschen Reiches neben ihrer nichtdeutschen Muttersprache sich auf Deutsch verständigen konnten. Weil der Text aber nicht verrät, ob Letzteres auch zwingend vorgeschrieben war, ist die Schlussfolgerung erlaubt, dass Aussage A richtig ist.

Zu Aussage B: Diese Aussage ist erkennbar falsch, man muss nur genau lesen, was im dritten Satz des Basistextes steht.

Zu Aussage C: Auch diese Aussage ist unmittelbar aus dem Text zu widerlegen (siehe Satz 2).

Jetzt erst kann man in der siebenteiligen Auswahlliste das Kreuz richtig einsetzen.

Auf dieselbe Weise geht man bei der Lösung des zweiten, ziemlich komplizierten Aufgabenbeispiels vor:

Zu Aussage A: Gleich fünf Hinweise in der Aussage bestimmen, wie man die Grafik auswerten soll:

1 „städtische Bevölkerung",
2 „Jahr 2000",
3 „Entwicklungsländer",
4 „weit über die Hälfte",
5 „im Gegensatz zu früher".

1 Die Säulen für städtische Bevölkerung sind dunkel eingefärbt, nur sie interessieren bei der Aussage A.
2 Für das Jahr 2000 steht jeweils das rechte Säulenpaar.
3 Die Entwicklungsländer sind im rechten Drittel der Grafik dargestellt.
4/5 Jetzt geht es ans Vergleichen: Die Säule der städtischen Bevölkerung der Welt (im linken Grafikdrittel) setzt sich zusammen aus der Säule der städtischen Bevölkerung in den Industrieländern (mittlerer Grafikteil) und der Säule der städtischen Bevölkerung in den Entwicklungsländern (rechter Grafikteil). Und hier wird deutlich: Im Jahr 2000 werden tatsächlich viel mehr Menschen in den Städten der Entwicklungsländer leben als in denen der Industrieländer. Im Jahr 1975 waren die beiden zugehörigen Säulen noch ungefähr gleich hoch.

Damit ist Aussage A aus der Grafik abgeleitet.

Zu Aussage B: Dass diese Aussage **falsch** ist, lässt sich ganz leicht dadurch beweisen, dass man ein Lineal oder die Kante eines Blattes Papier an die Säulenoberkanten hält: Steiler ist in allen drei Grafikteilen immer die Verbindungslinie der Säulen für die städtische Bevölkerung.

Zu Aussage C: Auch diese Aussage ist **falsch,** wie sich aus dem mittleren Grafikteil nachweisen lässt: Die Gesamtbevölkerung in den Industrieländern, um die es hier geht, setzt sich aus der städtischen und der ländlichen Bevölkerung zusammen. Man kann leicht erkennen, dass die städtische Bevölkerung von 1950 bis 2000 stark anwächst, während im gleichen Zeitraum die ländliche Bevölkerung sinkt. Damit aber verringert sich der Anteil der ländlichen Bevölkerung an der Gesamtbevölkerung und bleibt nicht gleich, wie in Aussage C behauptet wird.

Auch in diesem Aufgabenbeispiel muss also das Kreuz in das erste der angebotenen Kästchen gesetzt werden.

Historische Personen, Geschehnisse, Daten usw. einordnen

Bei derartigen Fragen muss man sein zeitliches Vorstellungsvermögen beweisen. Teilweise bieten die Fragen und Aufgabentexte selbst schon Hilfen an, die man allerdings finden muss; hier ist dann detektivische Fähigkeit zum Kombinieren gefragt.

Einordnung nach der Chronologie (vom frühesten Ereignis zum jüngsten)

Beispiel:

Ordnen Sie den rechts stehenden Jahreszahlen die links aufgeführten Ereignisse richtig zu.

Es genügt die Angabe des entsprechenden Kennbuchstabens!

James Watt setzt die Dampfmaschine als Betriebsmaschine in der Eisenindustrie ein **(a)**	1682	____
William Penn gründet in Nordamerika die Kolonie Pennsylvanien **(b)**	1782	____
Erfolgreicher Start der ersten Weltraumsatelliten **(c)**	1832	____
Deutsche Liberale und Demokraten treffen sich beim Hambacher Fest in der Rheinpfalz **(d)**	1882	____
Höhepunkt einer Weltwirtschaftskrise **(e)**	1932	____
Dreibund zwischen Deutschland, Österreich-Ungarn und Italien gegen Frankreich **(f)**	1957	____

Wie bei allen Ordnungsaufgaben sucht man zuerst diejenigen Teile, von deren Zusammengehörigkeit man überzeugt ist, z. B. c und 1957, und streicht die benutzten Angaben durch oder hakt sie ab. Dann vergleicht man weiter und zieht dabei alle Kenntnisse zu Rate, die einem zu den Angaben einfallen; z. B. kommt bei f Deutschland vor; das kann nicht vor 1871 sein, da für das Hl. Römische Reich Deutscher Nation vor 1806 der Name Deutschland eher ungebräuchlich ist. Also kommen für f nur 1882 oder 1932 in Frage; da aber 1932 Österreich-Ungarn nicht mehr existiert, müssen f und 1882 zusammengehören. Damit sollte auch die Weltwirtschaftskrise einzuordnen sein: e und 1932.

Da deutsche Liberale und Demokraten wohl kaum vor der Französischen Revolution denkbar sind, gehören d und 1832 zusammen. Die letzte Entscheidung muss nun zwischen a/b und 1682/1782 fallen. Zum Grundwissen über die Industrielle Revolution gehört, dass sie Mitte des 18. Jahrhunderts in England beginnt. 1682 wäre also in jedem Fall zu früh. Deshalb also a und 1782; dann ergibt sich – auch ohne Kenntnis des Sachverhalts – das letzte Paar von selbst: b und 1682.

Selbstverständlich kann man auch nach einer anderen Kette von Folgerungen vorgehen; entscheidend ist aber, immer mit dem Sichersten zu beginnen und sich das Zweifelhafteste für den Schluss aufzusparen.

Ordnung nach dem zeitlichen Abstand von heute

Auch hier kommt es nicht darauf an, genaue Jahreszahlen zu kennen, sondern zu beweisen, dass man ein Vorstellungsvermögen besitzt, wie weit entfernt von der Jetztzeit Geschehnisse liegen.

Beispiel (aus der Prüfung von 1995):

1995 jähren sich zahlreiche historische Ereignisse

In diesem Jahr wird verschiedener geschichtlicher Ereignisse besonders gedacht. Tragen Sie in die Leerfelder der Tabelle die Zahl der Jahre aus der folgenden Liste ein, die dieses Ereignis zurückliegt.

Liste: 500 Jahre, 250 Jahre, 200 Jahre, 100 Jahre, 50 Jahre, 25 Jahre

Ereignis	Jahreszahl
Beginn der Längeneinheit „Meter" Die aus der Revolution hervorgegangene französische Nationalversammlung bricht auch bei den Längenmaßen mit dem Althergebrachten. Sie legt das Meter als 10 000 000. Teil des durch die Pariser Sternwarte gehenden Erdmeridianquadranten fest. Damit ist das Längenmaß der Moderne geboren. Das war vor:	a) .... Jahren
Reichstag beschließt „Ewigen Landfrieden" Zu Worms beschließt der Reichstag des Heiligen Römischen Reiches Deutscher Nation einen so genannten „Ewigen Landfrieden". Er soll das Fehderecht aufheben und das Recht in die Obhut des Staates stellen. Das war vor:	b) .... Jahren
Das erste Kino In Berlin werden die ersten „lebenden Bilder" der Welt einem staunenden Publikum vorgeführt. Knapp zwei Monate später wird in Paris das erste Lichtspielhaus (Kino) eröffnet. Das war vor:	c) .... Jahren
2. Schlesischer Krieg beendet Mit dem Frieden von Dresden endet der 2. Schlesische Krieg. Der Preußenkönig Friedrich II. behält Schlesien, das er Österreich militärisch geraubt hat. Dafür erkennt er den Gemahl Maria Theresias, Franz von Lothringen-Toskana, als Kaiser des Reiches an. Das war vor:	d) .... Jahren
Erster Einsatz der Atombombe Die Luftwaffe der USA wirft zum ersten Mal eine Atombombe über einer Stadt ab. In Sekundenbruchteilen wird die japanische Stadt Hiroshima vernichtet. Über 100 000 Tote, unzählige Verletzte sind eine Folge dieses Einsatzes. Das war vor:	e) .... Jahren
Ostverträge unterzeichnet Die Bundesrepublik Deutschland schließt die so genannten Ostverträge mit der UdSSR und der Volksrepublik Polen ab. Darin werden u. a. die Normalisierung der zwischenstaatlichen Beziehungen und ein gegenseitiger Gewaltverzicht vereinbart. Das war vor:	f) .... Jahren

Man kann eine solche Aufgabe auf die vorhergehende Fragestellung zurückführen und die angegebenen Zeitabstände für sich in Jahreszahlen umsetzen; von 1995 aus gesehen, gilt:

vor 25 Jahren = 1970	vor 100 Jahren = 1895	vor 250 Jahren = 1745
vor 50 Jahren = 1945	vor 200 Jahren = 1795	vor 500 Jahren = 1495

Nun kann man wieder das weiter oben beschriebene Kombinationsverfahren anwenden und mit den „sichersten" Jahreszahlen beginnen. Da steht vermutlich der Atombombenabwurf am Ende des 2. Weltkriegs 1945 an erster Stelle und somit der Zeitabstand „50 Jahre" (6. Aug.: Hiroshima; 9. Aug.: Nagasaki).

Für die Unterzeichnung der Ostverträge durch die Bundesrepublik Deutschland kommt nur 1970 (vor 25 Jahren) in Betracht, da die Bundesrepublik vor 50 Jahren – von 1995 aus gesehen – noch gar nicht existierte. – Der Hinweis auf die Französische Revolution im Zusammenhang mit dem Beginn der Längeneinheit „Meter" führt zur richtigen Lösung: vor 200 Jahren, denn der Zeitraum der Französischen Revolution sollte bekannt sein. – Von den noch verbleibenden Jahreszahlen 100, 250 und 500 kann „für das erste Kino" nur 100 in Frage kommen.

1995 wurde über den Preußenkönig Friedrich II. anlässlich der Überführung seiner Gebeine von der Burg Hohenzollern nach Potsdam in den Medien ausführlich berichtet, so dass die Zuordnung der Jahreszahl 250 keine Schwierigkeit darstellt. – Für die Beschlüsse des Reichstags von Worms bleibt nur die dann automatisch richtige Lösung „vor 500 Jahren".

Lückentexte

Bei solchen Aufgaben sollen fehlende Begriffe in einem Satz oder einem längeren Text ergänzt werden.

Die einzusetzenden Formulierungen können frei gewählt werden

Beispiel:

In jeder der **drei** folgenden Begriffsreihen steht ein Begriff, der nicht zu den übrigen passt. Unterstreichen Sie diesen Begriff und ergänzen Sie den Lückentext.

Misereor – Adveniat – Deutsche Krebshilfe – Brot für die Welt

a) Die in dieser Reihe dargestellten Begriffe – mit Ausnahme des Unterstrichenen – lassen sich unter dem Oberbegriff ______________________________ ______________________________ zusammenfassen.

b) Bei dem von mir unterstrichenen Begriff handelt es sich dagegen um ______________ ______________________________

(Setzen Sie hier bitte ebenfalls einen Oberbegriff ein!).

Der in diesem Beispiel zusätzlich verlangte Denkvorgang des Ausscheidens eines nicht passenden Begriffs hat mit dem Lückentext grundsätzlich nichts zu tun.

Verlangt ist der Oberbegriff für die verbleibenden Begriffe – im Fall **a** kirchliche Hilfsaktionen (zugunsten der Dritten Welt).

Im Fall **b** wäre sinngemäß zu antworten: eine weltliche Hilfsorganisation (die nichts mit der Dritten Welt zu tun hat).

Wichtig ist, die Lücken mit **möglichst präzisen** Ausdrücken zu füllen, und zwar auf der Basis von Sachwissen und sicherem Umgehen mit Begriffen. Dies gilt auch, wenn ein zusammenhängender Text Lücken aufweist.

Beispiel:

Erst nach der endgültigen Niederlage ___ a ___ legten die Großmächte auf dem ___ b ___ Kongress 1815 die machtpolitischen Neuerungen Europas fest. Ihre Prinzipien waren u. a. die Wiederherstellung eines Gleichgewichts der Mächte und die Erneuerung ___ c ___ Zustände.

Die Ideen der Französischen Revolution waren aber nicht mehr rückgängig zu machen. Was das Deutsche Reich anging, so schlossen sich zwar fünfunddreißig deutsche Fürsten und vier freie Städte zu einem ___ d ___ zusammen, sie waren jedoch nicht bereit, ihre Souveränität zu Gunsten einer einheitlichen ___ e ___ gewalt aufzugeben.

Die Antworten sollten sachlich richtig und so genau wie möglich sein. Bei **a** ist Napoleon richtig; die Antwort **„des französischen Kaisers"** könnte nicht gelten, da es eine präzisere Antwort gibt. Bei **b** könnte statt **Wiener** z. B. nicht **Friedens** gewertet werden, da **Kongress** ja mit großem Anfangsbuchstaben weiterfährt.

Nicht nur Sachwissen ist also erforderlich; auch die Beachtung von Grammatik, Rechtschreibung und sprachlichen Zusammenhängen kann weiterhelfen.

Bei Antwort **d** müsste allerdings ebenso wie „Deutscher Bund“ die Antwort „Staatenbund“ gelten, wenn nicht ausdrücklich zwei einzusetzende Wörter verlangt werden.

Lücke **e** kann nur **Zentral-** lauten, da **-gewalt** ja als zweiter Teil eines zusammengesetzten Substantivs kleingeschrieben ist, so dass ein Adjektiv als Lösung nicht in Frage kommt.

Die einzusetzenden Formulierungen sind vorgegeben

Dies erleichtert die Aufgabenform erheblich, auch wenn die Reihenfolge der vorgegebenen Antworten keine Hilfe darstellt.

Beispiel:

Setzen Sie jeden der unten aufgeführten Ausdrücke in die richtige Lücke.

Der Gegensatz zu einem freien Mandat ist das ______________________________ Mandat.

____ widerspricht der Pressefreiheit.

Statt der unmittelbaren Demokratie der Antike kennen wir heute fast nur noch die _________

________________________________Demokratie.

Die mittelbare Demokratie existiert als präsidiale Demokratie und als ___________________

________________________________Demokratie.

Die Legislative in den Vereinigten Staaten von Amerika besteht aus Repräsentantenhaus und

____

repräsentative – parlamentarische – imperative – Senat – Zensur

Sprachliche Hilfeleistung (Grammatik, Rechtschreibung) gibt es nicht, da die Aufgabe sonst zu leicht würde. Auch hier gilt: mit dem Sicheren beginnen, die bereits verwendeten Begriffe streichen und am Ende notfalls raten.

Lückentext mit Auswahlantworten

Etwas schwieriger wird die Lückentextaufgabe, wenn für die einzusetzenden Begriffe **Auswahlantworten** vorgegeben sind. Für die Lösung ist ein gewisses Maß an geschichtlichem Grundwissen erforderlich; doch lässt sich so manche richtige Antwort auch aus dem Textzusammenhang erschließen, wie das folgende Aufgabenbeispiel zeigt.

Beispiel:

Die Zollschranken in Deutschland fallen:

Setzen Sie die zutreffenden Begriffe aus der folgenden Auswahlliste in die Lücken des Textes so ein, dass er historisch korrekt die Entwicklung zum einheitlichen Wirtschaftsraum in Deutschland im 19. Jahrhundert wiedergibt.

Auswahlliste (nach Abfolge der Textlücken geordnet):

(a) Herrscher, Bürger, Soldaten
(b) Industrialisierung, Agrarisierung, Prosperität
(c) der Deutsche Wirtschaftsraum, der Deutsche Zollverein, der Norddeutsche Bund
(d) Geldmengen, Längeneinheiten, Währungen
(e) Deutsch-Dänischen, Preußisch-Österreichischen, Deutsch-Französischen
(f) 1848, 1866, 1871

Text:

Der Deutsche Bund hatte die Forderungen der wirtschaftlich engagierten **(a)** ______________ nicht erfüllt. Trotzdem erzwang die langsam einsetzende **(b)** ______________________ eine wirtschaftspolitische Neuordnung. Unter der Führung Preußens schlossen sich allmählich die Staaten des Deutschen Bundes wirtschaftlich enger zusammen. Im Jahr 1834 wurde **(c)** ______________________________ gegründet, dem fast alle Bundesstaaten angehörten. Die letzten Handelshemmnisse jedoch, etwa die unterschiedlichen Maß- und Gewichtseinheiten sowie die verschiedenen **(d)** ____________________, wurden erst beseitigt, als nach dem **(e)** ______________________________________ Krieg das Deutsche Reich im Jahr **(f)** __________ gegründet wurde.

Lösung: a: Bürger; b: Industrialisierung; c: der Deutsche Zollverein; d: Währungen; e: Deutsch-Französischen; f: 1871

Begriffe erklären

Bei dieser Frageform soll man beweisen, dass man Begriffe nicht nur kennt, sondern auch weiß, was sie bedeuten.

Vorgegebene Antworten sind einzuordnen

Diese Aufgabenform entspricht der auf S. 82 aufgeführten (vgl. dort).

Die Erklärungen sind selbstständig zu formulieren

Dabei sind Wesensmerkmale einer Sache zu sammeln und die prägnantesten zu nennen; mit einem ganzen Satz lässt sich das Gemeinte meist deutlicher machen als mit bloßen Stichwörtern (es sei denn, es ist etwas anderes verlangt!). Unnötig ist bei einer Begriffs(er)klärung die Abgrenzung von anderen, verwandten Begriffen.

Beispiel:

Erklären Sie den Begriff „INFRASTRUKTUR“.

Notwendige Elemente der Begriffserklärung sind:

die **Ausstattung** eines **Gebietes** mit **Straßen, Schulen, Krankenhäusern** (o. Ä.); erst dieser Zusammenhang ergibt eine Erklärung des Begriffs.

Die Antworten „Straßen, Schulen“ allein ergeben keine wirkliche Begriffserklärung.

Das folgende Beispiel soll verdeutlichen, dass es durchaus sinnvoll sein kann, sein Wissen etwas ausführlicher als zu knapp niederzuschreiben.

Beispiel:

Erklären Sie den Begriff „Föhn“!

Mögliche Antworten:	Anmerkungen:
Windströmung	grundsätzlich richtig, aber zu ungenau (gilt nicht als richtige Lösung!)
Fallwind	immer noch sehr ungenau (dürfte kaum als Lösung akzeptiert werden)
warmer Fallwind	„Mindestlösung“
warmer, trockener Fallwind am Nordrand der Alpen	genaue Erklärung (zumindest für Bayern, denn föhnartige Erscheinungen gibt es auch anderswo)

Fragen nach Fachbegriffen mit Begriffserklärungen als Vorgabe

Bei Aufgaben dieser Art, die im Grunde „normale“ Wissensfragen sind, handelt es sich um die Umkehrung der oben dargestellten Frageform. Hier wird verlangt, die Fachbegriffe (die Fachbezeichnungen) zu nennen, deren Erklärung vorgegeben ist.

Beispiel:

Banken und Bankgeschäfte

Tragen Sie in der nachfolgenden Tabelle die zugehörigen Bezeichnungen ein!

Begriffserklärung	Bezeichnung
Institution, die in Deutschland für die Ausgabe neuer Banknoten zuständig ist	a)
Gewinnausschüttung aus Aktienbesitz	b)
Gesetzliches Zahlungsmittel (Geldeinheit) (wie z. B. der Euro im Bereich der EU)	c)
Ausländische Münzen und Banknoten im Rahmen des Geldwechselgeschäfts der Banken	d)
Markt, an dem regelmäßig zu bestimmten Zeiten Wertpapiere gehandelt werden	e)

Lösung: a – Deutsche Bundesbank; b – Dividende; c – Währung; d – Sorten; e – (Wertpapier- bzw. Effekten-) Börse

Verbessern vorgegebener Aussagen

(mit oder ohne Begründung)

Bei manchen Aufgaben ist verlangt, dass – alleine oder in Kombination mit anderen Fragestellungen – Fehler verbessert werden müssen, die in einer Aussage enthalten sind.

Bei der Neuformulierung der Aussage muss man,

– den enthaltenen Fehler entdecken,

– ihn aus der Aussage entfernen und

– ihn durch eine sachrichtige Feststellung ersetzen.

In der Regel genügt es nicht, die gesamte Aussage einfach zu verneinen, schon gar nicht, wenn eine Begründung gefordert ist, die erkennen lässt, warum der getilgte Fehler einer war.

Beispiel:

Zu verbessern ist die Aussage „Die Bundesrepublik Deutschland zählt zu den Gründungsmitgliedern der Vereinten Nationen“. Selbstverständlich würde in diesem Fall die einfache Verneinung „. . . zählt **nicht** zu den Gründungsmitgliedern . . .“ die Aussage stimmig machen.

Ist jedoch eine Begründung der Verbesserung gefordert, so müsste die Antwort folgendermaßen ergänzt werden: Die Bundesrepublik Deutschland zählt nicht zu den Gründungsmitgliedern der Vereinten Nationen, **weil sie zur Zeit von deren Gründung noch gar nicht existierte (1945).**

Dasselbe gilt, wenn man die Aussage anders als durch eine Verneinung verbessert hätte, z. B. so:

„Die Bundesrepublik Deutschland ist **Gründungsmitglied der Europäischen Wirtschaftsgemeinschaft.“**

Ist keine Begründung gefordert, stimmt die Antwort; muss man erklären, was man an der Aussage für falsch hält, dann ist darauf zu achten, dass sich die Erklärung immer auf den **getilgten Fehler** bezieht und nicht auf die Verbesserung. Keine Begründung für die obige Verbesserung wäre z. B. eine Fortführung wie „Die Bundesrepublik Deutschland ist Gründungsmitglied der Europäischen Wirtschaftsgemeinschaft, **die seit 1957 in Kraft ist.“** Die Begründung muss auf die als falsch erkannte Gründungsmitgliedschaft bei den Vereinten Nationen eingehen, z. B. so: Die Bundesrepublik Deutschland ist Gründungsmitglied der Europäischen Wirtschaftsgemeinschaft **und nicht der Vereinten Nationen, da letztere älter sind als die Bundesrepublik Deutschland.**

Die Begründung sollte aber stets so kurz wie möglich sein, damit nicht neue Fehler entstehen, die zu Punktabzug führen würden.

Die Prüfungsaufgaben für das Einstellungsjahr 2012 und das Einstellungsjahr 2013

Im Folgenden sind die beiden Auswahlprüfungen abgedruckt.

Einzelheiten zu den Prüfungsinhalten lassen sich im ersten Teil von GEZIELT VORBEREITET nachlesen.

Rechtschreibung und Zeichensetzung der Prüfungsaufgaben erfolgen nach den neuen Regelungen, selbstverständlich gilt dies auch für GEZIELT VORBEREITET.

Um unnötiges Blättern zu ersparen, finden sich im Folgenden jeweils auf der linken Seite die Aufgaben abgedruckt, auf der rechten Seite die Lösungen und – soweit hilfreich und erforderlich – Lösungshinweise.

Der Arbeitscharakter dieses Buches kommt dann am besten zum Tragen, wenn man die Lösungsseite erst einmal abdeckt und sich selbst um eine Lösung bemüht.

Die Beschäftigung mit den beiden zurückliegenden Prüfungen gibt Einblicke in die Art der Aufgabenstellung. Für die Prüfung werden Materialien zusammengestellt, zu denen aus den Prüfungsbereichen Deutsch und grundlegende Allgemeinbildung (Erdkunde, Geschichte mit Schwerpunkt 20. und 21. Jahrhundert, Grundlagen von Wirtschaft und Recht sowie staatsbürgerliche Kenntnisse) Aufgaben formuliert werden. Man erhält einen aussagekräftigen Überblick über das Grundwissen und die Grundfertigkeiten, die hier erforderlich sind und die nahezu regelmäßig geprüft werden, und über immer wieder verlangte grundlegende Fähigkeiten und Arbeitstechniken, wie z. B. das Lesen und Interpretieren von Statistiken und Diagrammen.

Die Prüfungsaufgaben für das Einstellungsjahr 2012

Dieser Text ist für die Bearbeitung der Aufgaben ab Nummer 1 notwendig.

Globalisierung – etwas Neues?

Kaum ein Thema wird so intensiv und kontrovers diskutiert wie die Globalisierung. Die einen verbinden mit ihr die Annäherung der Kulturen, wirtschaftliches Wachstum und weltweit ungeahnte Entfaltungsmöglichkeiten. Andere hingegen fürchten die Dominanz der Ökonomie, den Verlust regionaler Vielfalt, ökologischen Raubbau sowie eine weiter zunehmende Kluft zwischen Arm und Reich. 1

Weltweiter Handel und die Öffnung der Grenzen in Europa sind nur ein Teil des Phänomens, das nicht nur die Weltwirtschaft, sondern auch fast alle Bereiche unseres täglichen Lebens beeinflusst und von dem sicher schon jeder einmal etwas gehört hat. Klar, die Rede ist von der Globalisierung. Jedoch ist dieses Phänomen nicht erst eine Erscheinung der letzten Jahrzehnte, sondern es hat seine Anfänge schon im frühen Altertum. 2

Schon damals umfasste der Handel die bis dahin bekannte Welt. Dabei handelte es sich im Vergleich zu heute zwar nur um eine regionale Ebene, da viele Kontinente noch nicht entdeckt oder nur sehr schwer erreichbar waren. Dies lag jedoch nur an den fehlenden Verkehrs- und Transportmitteln. Auch barg der Handel in dieser Zeit schon immense Gefahren. Durch das weit verbreitete Piratenunwesen oder durch das schlechte Wetter waren viele Handelsreisen ein großes Risiko. Dass trotzdem ständig Güteraustausch betrieben wurde, zeigt, dass er eine große Bedeutung hatte. 3

In der frühen Neuzeit breitete sich der Handel schon auf der ganzen Welt aus: Güter wie Gewürze oder Porzellan wurden z. B. aus Asien nach Europa eingeführt, aus Afrika z. B. wertvolles Elfenbein. Folge des Handels war dann immer mehr die Ausbeutung neu entdeckter Kontinente. Dies führte dazu, dass Händler immer reicher wurden und immer mehr politische Macht bekamen (z. B. Italien: Medici-Familie; Deutschland: Fugger-Familie). Sie griffen außerdem in die internationale Politik ein und halfen den Weg des Kolonialismus in den folgenden Jahrhunderten zu ebnen. 4

Im 17. und 18. Jahrhundert setzte sich der Merkantilismus als Wirtschaftstheorie durch. Da vor allem die westeuropäischen Staaten möglichst viel selbst herstellen und dies dann exportieren wollten, jedoch auf Importe größtenteils verzichteten, führte dieses Verhalten zu einer Hemmung der sich ausbreitenden Weltwirtschaft. 5

Im 19. Jahrhundert wurde der Merkantilismus vom Liberalismus abgelöst. Nach den napoleonischen Kriegen begann die erste Blütezeit des internationalen Handels. Erste große Erfolge wurden in der 2. Hälfte des 19. Jahrhunderts erzielt. Mit der Gründung des Deutschen Zollvereins wurden fast im ganzen späteren Deutschen Reich die meisten Handelshemmnisse beseitigt. In der Zeit von der Gründung des Deutschen Reiches bis zum Ausbruch des Ersten Weltkrieges stieg der Welthandel. Dies erhöhte das Bruttoinlandsprodukt der einzelnen Länder bis zu einem Drittel. 6

Der Aufschwung des Welthandels wurde jedoch durch den Ersten Weltkrieg und die Weltwirtschaftskrise, die 1929 mit dem Zusammenbruch der New Yorker Börse begann, unterbrochen. Ein weiterer Rückschlag erfolgte mit Beginn des Zweiten Weltkrieges. Nach dem Zweiten Weltkrieg begann schließlich der Boom des Welthandels, verursacht durch die westlichen Industriestaaten. 7

Obwohl einzelne Güter schon früh über große Entfernungen transportiert wurden, hat sich das ökonomische Handeln den größten Teil der Menschheitsgeschichte auf die lokale Ebene bezogen. Auch heute spielt die lokale Ebene eine wichtige Rolle. Aber seit etwa 200 Jahren und noch einmal verstärkt in den vergangenen 50 Jahren hat der grenzüberschreitende Handel stetig an Bedeutung gewonnen. Neben expansiven Unternehmensstrategien haben erst die relativ sinkenden Kosten für Transport und Kommunikation und die parallele Verbreitung globaler Transport- und Kommunikationsnetze neue Produktions-, Vermarktungs- und Absatzstrategien sowie einen allgemeinen globalen Austausch ermöglicht. 8

Vor allem die Medienberichte über Kinderarbeit und schlechte Arbeitsplatzbedingungen in den ökonomisch sich entwickelnden Staaten sowie die Arbeitsplatzverlagerungen der Bekleidungshersteller haben das Bild von der Globalisierung geprägt. Während Design, Marketing und Logistik nach wie vor in den ökonomisch entwickelten Staaten angesiedelt sind, ist die Massenfabrikation im Bekleidungssektor nahezu komplett ausgelagert, um das Preisniveau niedrig zu halten. 9

nach: www.Creative-Commons-Lizenzby-nc-nd/3.0/de und www.e-globalisierung.org

Diese Grafiken sind für die Bearbeitung der Aufgabe Nummer 6 notwendig.

a) Grafik 1

b) Grafik 2

c) Grafik 3

Vor der Beantwortung nachfolgender Fragen lesen Sie bitte den Text „Globalisierung – etwas Neues?" (Text auf Seite 78) aufmerksam durch.

1 Inhalt des Textes

▶ Überprüfen Sie für jeden Textabschnitt, ob die vorgegebenen Behauptungen dem Text entsprechen, dem Text widersprechen oder dem Text nicht zu entnehmen sind. Geben Sie auf dem Lösungsbogen die jeweils richtige Antwort mit folgenden Kennbuchstaben an:

E = entspricht dem Text **W** = widerspricht dem Text **NE** = dem Text nicht zu entnehmen

Abschnitt 1 (Zeile 1–4)

a) Die Globalisierung ist ohne die Nutzung moderner Informations- und Kommunikationstechnologie nicht denkbar.

b) Die Kluft zwischen Arm und Reich wird durch die Globalisierung möglicherweise verschärft.

c) Über das Thema Globalisierung herrschen unterschiedliche Meinungen.

Abschnitt 2 (Zeile 5–9)

a) Globalisierung bedeutet zum Beispiel auch, dass die Grenzen innerhalb Europas geöffnet werden.

b) Die Globalisierung ist nichts Neues.

c) Weltweiter Handel ist ein Aspekt der Globalisierung.

Abschnitt 3 (Zeile 10–15)

a) Fehlende Verkehrs- und Transportmittel schränkten im Altertum den überregionalen Handel ein.

b) Handelsreisende mussten mit Überfällen und Unwettern rechnen.

c) Weil es insgesamt zu gefährlich war, wurde der Güteraustausch unterbunden.

Abschnitt 4 (Zeile 16–21)

a) Bereits in der frühen Neuzeit gab es in Europa Importgeschäfte mit anderen Kontinenten.

b) Die Händler konnten oftmals deshalb nicht zu Reichtum gelangen, weil sie von ihren Kunden ausgebeutet wurden.

c) Die italienische Handelsfamilie der Medici arbeitete mit der deutschen Fugger-Familie zusammen.

Abschnitt 5 (Zeile 22–25)

a) Das einseitige Exportverhalten westeuropäischer Staaten führte im 17. und 18. Jahrhundert zu einer Hemmung der Weltwirtschaft.

b) Die europäischen Betriebe wollten wenig importieren, da die Qualität der Waren im außereuropäischen Ausland so schlecht war.

c) Der Merkantilismus war im Europa des 17. und 18. Jahrhunderts führend in der Wirtschaft.

Abschnitt 6 (Zeile 26–31)

a) Der Deutsche Zollverein wurde im 19. Jahrhundert gegründet.

b) Durch den Deutschen Zollverein wurden strengere Regeln für den Import und Export von Waren ins Ausland aufgestellt.

c) Die napoleonischen Kriege zogen sich noch weit bis in das 19. Jahrhundert hinein.

Abschnitt 7 (Zeile 32–35)

a) Der Beginn der Weltwirtschaftskrise wurde durch den Börsencrash in New York ausgelöst.

b) Während des Ersten Weltkrieges kam der Welthandel unter anderem durch die Versenkung von Handelsschiffen zum Erliegen.

c) Die Hochphase des Welthandels, welche auf die westlichen Industrienationen zurückzuführen ist, begann ab 1939.

1 Inhalt des Textes

Tragen Sie für die Aussagen a), b) und c) zu den einzelnen Textabschnitten den jeweils zutreffenden Kennbuchstaben **E, W** oder **NE** ein:

	Abschnitt 1	Abschnitt 2	Abschnitt 3	Abschnitt 4	Abschnitt 5
a)	NE	E	E	E	E
b)	E	E	E	W	NE
c)	E	E	W	NE	E

Abschnitt 6 (Zeile 26–31)

a) Der Deutsche Zollverein wurde im 19. Jahrhundert gegründet.

b) Durch den Deutschen Zollverein wurden strengere Regeln für den Import und Export von Waren ins Ausland aufgestellt.

c) Die napoleonischen Kriege zogen sich noch weit bis in das 19. Jahrhundert hinein.

Abschnitt 7 (Zeile 32–35)

a) Der Beginn der Weltwirtschaftskrise wurde durch den Börsencrash in New York ausgelöst.

b) Während des Ersten Weltkrieges kam der Welthandel unter anderem durch die Versenkung von Handelsschiffen zum Erliegen.

c) Die Hochphase des Welthandels, welche auf die westlichen Industrienationen zurückzuführen ist, begann ab 1939.

Abschnitt 8 (Zeile 36–42)

a) Der Ausbau der Verkehrswege, des Telefonnetzes und des Internets leistete einen bedeutenden Beitrag zur Globalisierung.

b) Im Gegensatz zu früher spielen heute lokale Handelsbeziehungen kaum noch eine Rolle.

c) Die Ausdehnung des globalen Transportnetzes stellt ein Problem für die Umwelt dar.

Abschnitt 9 (Zeile 43–47)

a) Die Globalisierung wird auch mit negativen Effekten, wie zum Beispiel Kinderarbeit und schlechte Arbeitsbedingungen in Entwicklungsländern, in Verbindung gebracht.

b) Viele Modehersteller lassen im Ausland produzieren, um ihre Ware billig anbieten zu können.

c) Die Designer des Bekleidungssektors sind vor allem in Frankreich und Italien ansässig.

2 Bedeutung von Fremdwörtern

▶ Tragen Sie zu den folgenden Fremdwörtern jeweils den Kennbuchstaben des Wortes in den Lösungsbogen ein, das dessen Sinn **im vorgegebenen Zusammenhang** (Text auf Seite 78) am besten wiedergibt.

1. kontrovers (Z. 1)

- **A** gegenseitig
- **B** gegensätzlich
- **C** entgegen
- **D** gegenüber

2. Dominanz (Z. 3)

- **A** Überwiegen
- **B** Verschwinden
- **C** Vorherrschaft
- **D** Unterdrückung

3. Phänomen (Z. 5)

- **A** Erscheinung
- **B** Wunder
- **C** Sonderform
- **D** Gegenstand

4. Risiko (Z. 14)

- **A** Versuchung
- **B** Verlust
- **C** Schaden
- **D** Wagnis

5. Importe (Z. 24)

- **A** Einführung
- **B** Einfuhren
- **C** Eingliederung
- **D** Verlustgeschäft

6. ökonomisch (Z. 36/37)

- **A** sparsam
- **B** wirtschaftlich
- **C** umweltschonend
- **D** umweltverträglich

7. parallel (Z. 41)

- **A** gleich
- **B** gleichgeschaltet
- **C** gleichzeitig
- **D** gleichartig

8. Logistik (Z. 45)

- **A** Wareneinkauf
- **B** Planung der Firmenaktivitäten
- **C** Herstellung
- **D** Berechnung der Firmengehälter

9. Preisniveau (Z. 47)

- **A** Preiswürdigkeit
- **B** Preisangabe
- **C** Preishöhe
- **D** Preisspirale

Abschnitt 6	Abschnitt 7	Abschnitt 8	Abschnitt 9
a) E	a) E	a) E	a) E
b) W	b) NE	b) W	b) E
c) NE	c) W	c) NE	c) NE

je 1 Punkt, insgesamt 27 Punkte 27 P.

Bei dieser Aufgabe geht es nicht darum, ob die zur Auswahl stehenden Aussagen für sich allein gesehen richtig oder falsch sind. Vielmehr muss überprüft werden, ob ihr Inhalt dem jeweiligen Textabschnitt zu entnehmen ist („entspricht dem Text“), ob der Textabschnitt genau die gegenteilige Aussage enthält („widerspricht dem Text“) oder ob die Thematik überhaupt nicht angesprochen wird („dem Text nicht zu entnehmen“). Diese Überprüfung ist für jede einzelne Aussage vorzunehmen, im Anschluss daran ist die zutreffende Antwort im Lösungsblatt anzukreuzen.

Fragestellung zu Textabschnitt 1 als Beispiel:
Aussage 1: Der Inhalt dieser Aussage ist nicht Thema dieses Textabschnitts. Hier geht es um positive und negative Aspekte der Globalisierung.
Aussage 2: Der Inhalt dieser Aussage steht in Zeile 4.
Aussage 3: Auf diesen Sachverhalt wird in Zeile 1 hingewiesen.

2 Bedeutung von Fremdwörtern

Zutreffende Kennbuchstaben:

1. kontrovers	B	4. Risiko	D	7. parallel	C
2. Dominanz	C	5. Importe	B	8. Logistik	B
3. Phänomen	A	6. ökonomisch	B	9. Preisniveau	C

je 1 Punkt, insgesamt 9 Punkte 9 P.

Diese Aufgabe erfordert nicht nur ein „Übersetzen“ des Fremdwortes in einen deutschen Begriff, sondern zusätzlich die Einbindung in den vorgegebenen Text: Es wird jeweils die Textstelle angegeben, an der das Fremdwort verwendet wird. Im Zweifelsfall kann durch Einsetzen der möglichen Alternativen in den Text (Frage: Ergibt der Satz dann einen Sinn?) im Ausschlussverfahren die richtige Antwort gefunden werden.

3 Gesamtaussagen des Textes

▶ a) Welche Absicht verfolgen die Autoren mit dem Text „Globalisierung – etwas Neues?"? Kreuzen Sie die **drei** zutreffenden Kennzahlen im Lösungsbogen an.

1 berichten
2 erzählen
3 informieren
4 zum Nachdenken anregen
5 unterhalten
6 manipulieren
7 werben

▶ b) Folgende fünf Überschriften gehören jeweils zu einem bestimmten Textabschnitt. Tragen Sie in den Lösungsbogen jeweils hinter den Buchstaben der Überschrift die Nummer des dazugehörigen Textabschnitts ein.

A Die große Krise und der große Aufschwung
B Globalisierung – Vorteile und Risiken
C Wegbereiter des Kolonialismus
D Lokaler Handel und weltweites Agieren
E Schattenseiten der Globalisierung

3 Gesamtaussagen des Textes

a) Kreuzen Sie an:

	1	2	3	4	5	6	7
zutreffend	X		X	X			

je 1 Punkt, insgesamt 3 Punkte — 3 P.
Bei **mehr als drei** Kreuzen: 1 Punkt Abzug pro zusätzlichem Kreuz.
Wurden **mehr als fünf** Felder angekreuzt: 0 Punkte

b) Tragen Sie die Nummern der Textabschnitte ein:

A = **7** **B** = **1** **C** = **4** **D** = **8** **E** = **9** je 1 Punkt, insgesamt 5 Punkte — 5 P.

a) Neben inhaltlichen Aspekten helfen auch der Sprachstil und die Wortwahl dabei, sich die Absicht des Verfassers zu erschließen. Der sachliche Stil und die jeweils mit Zahlen belegten Sachverhalte zeigen, dass der Verfasser über die Entwicklung der Globalisierung berichtet und darüber informiert. Das Ansprechen negativer Aspekte, ohne diese zu bewerten, regt den Leser zum Nachdenken an.

b) Am sinnvollsten ist es, den Text abschnittweise durchzugehen und am Ende jedes Abschnitts zu überprüfen, ob eine der Überschriften dessen Inhalt treffend zusammenfasst.

4 Geschichtliche Begriffe

In dem auf Seite 78 abgedruckten Text werden die Begriffe Altertum, Kolonialismus, Liberalismus und Merkantilismus verwendet.

▶ Ordnen Sie die nachstehenden Erklärungen diesen vier Fachbegriffen zu, indem Sie die entsprechenden Kennbuchstaben in die Tabelle im Lösungsbogen eintragen. Bei Begriffserklärungen, die zu keinem der Begriffe passen, ist der Kennbuchstabe in die Spalte „unzutreffend" einzutragen.

A	Hierbei handelt es sich um eine ideengeschichtliche Epoche in Europa (17./18. Jahrhundert), in der sich die Vernunft (Rationalität), ihr richtiger Gebrauch und vernunftbegründete Ordnungen als Maßstab menschlichen Strebens und wissenschaftlicher Forschung durchsetzten. *nach: www.bpb.de*
B	Die Bezeichnung steht für eine politische Idee, nach der sich der Mensch in einer Gesellschaft möglichst frei entfalten soll und die staatlichen Eingriffe in die Wirtschaft möglichst gering sein sollen. *nach: http://de.thefreedictionary.com/*
C	Mit diesem Begriff werden die wirtschaftspolitischen Lenkungsmaßnahmen bezeichnet, die die Staaten in jener Zeit zur Steigerung ihrer staatlichen Wirtschafts- und Handelskraft unternahmen. Sie setzten alles daran, Gold und Geld im Lande zu mehren, indem sie möglichst viele Güter selbst herstellten und exportierten, aber möglichst wenige importierten. *nach: Informationen zur politischen Bildung (Heft 280), hgg. Bundeszentrale für politische Bildung/bpb, Bonn 2003*
D	Das ist die Bezeichnung für die Ausdehnung der Herrschaftsmacht europäischer Länder auf außereuropäische Gebiete mit dem vorrangigen Ziel der wirtschaftlichen Ausbeutung. Zwar waren im Zeitalter der Entdeckungen auch missionarische Gründe und der Handel maßgeblich (seit der Industrialisierung vor allem der Bezug billiger Rohstoffe); im Vordergrund stand jedoch immer die Mehrung des Reichtums der Mutterländer. *nach: www.bpb.de*
E	Mit dieser Bezeichnung umfasst man die Geschichte vom Beginn schriftlicher Tradition um 3000 v. Chr. bis zum Untergang des Römischen Reiches im Westen um 500 n. Chr. Der Zeitrahmen umgreift demnach die Geschichte des antiken Orients und der griechisch-römischen Zivilisation. *nach: www.wissen.de/wde/generator/*
F	Diese Bezeichnung umfasst einen unglaublich langen Zeitraum. Insgesamt dauerte diese Epoche von 2,6 Millionen Jahre vor heute bis 4000 Jahre vor heute. Die Bezeichnung dieser Zeitepoche kommt vom hauptsächlich benutzten Werkzeugmaterial der Menschen. *nach: http://www.kinder-hd-uni.de/[...].html*
G	Begriffsdefinition: Individuelle Freiheit und Selbstverantwortung betonende Gesellschaftskonzeption; geistige Wurzeln liegen in der durch die Aufklärung beeinflussten englischen und schottischen Moralphilosophie des 18. Jahrhunderts. Zunächst als politische Bewegung gegen den Absolutismus entstanden, wurde diese Konzeption bald auch als Gestaltungsprinzip für die Wirtschaftsordnung aufgegriffen. Ihre Vertreter betonen, dass politische Freiheit nur dann realisiert werden kann, wenn auch die Freiheit der wirtschaftlichen Betätigung gewährleistet ist. *nach: http://wirtschaftslexikon.gabler.de/Archiv/9737/[...]-v4.html*
H	Dieser Fachbegriff umreißt die Wirtschaftspolitik der absolutistischen Staaten in der Neuzeit. Ihr Ziel war es, Geld für die Kasse der Herrscher zu beschaffen, um so die Macht des Staates zu stärken. Das hoffte man mit einer aktiven Handelsbilanz zu bekommen. Also förderte man den Export und hemmte den Import, um möglichst viel Geld ins Land zu holen. *nach: Pallasch, J.: Fachbegriffe verständlich. unveröfft. Skript [o. O., o. J]*

4 Geschichtliche Begriffe

Altertum	Kolonialismus	Liberalismus	Merkantilismus	unzutreffend
E	D	B G	C H	A F

je 1 Punkt, insgesamt 8 Punkte
Reihenfolge innerhalb jeder Spalte beliebig; Punktabzug, wenn ein **Buchstabe mehrfach** eingetragen wurde.

8 P.

*Acht Begriffserklärungen sind vier Begriffen aus dem Text „Globalisierung – etwas Neues?“ und der Kategorie „unzutreffend“ zuzuordnen. Somit ist es zweckmäßig, im Text nach dort vorhandenen Erklärungen bzw. Hinweisen zu fahnden. Beispielsweise findet sich in der Textvorlage, Zeile 29, der Hinweis auf die Beseitigung von Handelshemmnissen im Zusammenhang mit dem Aufgabenbegriff **„Liberalismus“**. Die Definition beim Kennbuchstaben „B“ enthält exakt den Verweis, **„staatliche Eingriffe in die Wirtschaft möglichst gering“** zu halten – also: „B“ ist im Lösungsbogen bei **„Liberalismus“** richtig. Mit dieser Vorgehensweise sind die fünf Aufgabenfelder relativ rasch zielgerichtet zu füllen.*

5 Kennzeichen der zwanziger Jahre

Der Text auf Seite 78 weist darauf hin, dass der Aufschwung des Welthandels im 20. Jahrhundert vom Ersten Weltkrieg und der Weltwirtschaftskrise unterbrochen wurde. Beide Ereignisse umgrenzen die zwanziger Jahre des letzten Jahrhunderts, die in den Geschichtsbüchern als „schillernd", „aufregend", „modern", aber auch „unruhig" und „unsicher" beschrieben werden.

▶ Kreuzen Sie im Lösungsbogen an, ob die nachfolgenden Aussagen für die Zeit von 1920 bis 1929 zutreffend oder nicht zutreffend sind.

1 Die zwanziger Jahre der deutschen Geschichte im 20. Jahrhundert werden auch als die „Goldenen Zwanziger" bezeichnet. Dieser Geschichtsabschnitt war durch zahlreiche Veränderungen im Leben der Deutschen geprägt. Er stand für die Stabilisierung der Weimarer Republik nach den Wirrnissen von 1923 und für einen bemerkenswerten Aufschwung in Wirtschaft, Kultur und Gesellschaft.

2 Am 8. November 1923 versuchte Hitler, die antirepublikanische politische Rechte in München zu einem „Marsch nach Berlin" zu bewegen, was ihm aber misslang. Am nächsten Tag marschierte er mit einem Demonstrationszug zur Feldherrnhalle, wo der Zug von der bayerischen Polizei gestoppt wurde.

3 Berlin war die Metropole der zwanziger Jahre: Es blühten das moderne Theater, die Jazz- und Swingmusik, Varietees und Revuen. Der Charleston war der neueste aus den USA kommende Tanzstil. All das war konservativen Bürgern ein Dorn im Auge. Sie wetterten gegen den Verfall der Sitten.

4 König Ludwig II. eröffnete mit großem Pomp die ersten Bayreuther Festspiele zu Ehren des von ihm verehrten Komponisten Richard Wagner.

5 In den zwanziger Jahren machten sich Architekten und Stadtplaner Gedanken, wie man die städtischen Lebensbedingungen verbessern könnte. Einer davon, Martin Gropius, entwickelte eine neue Form zu bauen: schlichte, zweckorientierte Häuser und Wohnblocks mit langen Fensterfronten, hellen, praktischen Innenräumen. Diese moderne Bauweise ging als „Bauhausstil" in die Geschichte ein.

6 Obgleich durch den Friedensvertrag von Versailles verboten, führte Deutschland 1925 die allgemeine Wehrpflicht wieder ein. Die deutsche Regierung sagte sich von allen Rüstungsbeschränkungen des Friedensvertrags los. Der Völkerbund verurteilte diesen deutschen Vertragsbruch. Der nun einsetzende Rüstungsboom kurbelte die Wirtschaft der „Goldenen Zwanziger" gewaltig an.

7 In der deutschen Industrie folgte man dem amerikanischen Vorbild und führte die Fließbandfertigung ein. Damit ließ sich die Produktion enorm steigern. Automobile, Motorräder, Haushaltsgeräte und auch Möbel konnten schneller, in größeren Mengen und kostengünstiger hergestellt werden.

nach: Robl, J. W. [Hg.]: Zeitreise 9, Ausgabe Bayern. Leipzig 2003, S. 114 ff.

5 Kennzeichen der zwanziger Jahre

Kreuzen Sie an:

	1	2	3	4	5	6	7
zutreffend	X	X	X		X		X
nicht zutreffend				X		X	

je 1 Punkt, insgesamt 7 Punkte 7 P.

Grundständiges Geschichtswissen über die zwanziger Jahre des 20. Jahrhunderts ist hier notwendig. Damit und mit einem Plausibilitätsverfahren lässt sich zweckmäßig die jeweilige Zuordnungslösung finden. Es ist etwa nicht plausibel, dass König Ludwig II., der im 19. Jahrhundert lebte, in der Weimarer Republik die Bayreuther Festspiele eröffnet haben soll. Auszuschließen ist auch die Aussage 6, da erst zehn Jahre später im Hitler-Regime der Friedensvertrag gebrochen wurde.

Allgemeine Lösungshinweise zur Auswertung der Infografiken auf S. 79 (vgl. Aufgabe 6)

Beim Auswerten von Infografiken sind Wissen, Kombinationsgabe und Konzentration gefragt. Die hier geforderte Kompetenz umfasst die sorgfältige Analyse unterschiedlicher Diagramme im Zusammenhang mit vorgegebenen Aussagen bzw. Lückentexten. Solche Schaubilder bieten sowohl sprachliche als auch bildliche Informationen.

Lesen Sie zunächst die Aufgabenstellung konzentriert durch.

*Nehmen Sie eine **schrittweise Analyse** der Infografik vor, bevor Sie sich den Aufgaben widmen:*

- *Achten Sie genau auf die Überschrift, ggf. Untertitel, Diagrammarten, Zeitangaben, Größenangaben, Quellen, bildliche Darstellungen usw.*
- *Sind in der Infografik die gleichen **Größenordnungen** angegeben wie in den Aussagen hierzu? Stellen Sie sicher, dass Sie derartige Zahlenangaben richtig auswerten. Wenn z. B. im Schaubild von „1 003 Millionen Euro" die Rede ist und in einer Aussage von „über 1 Milliarde Euro", wird damit der gleiche Wert ausgedrückt.*
- *Achten Sie darauf, ob die Daten gesichert sind oder ob es sich um **Schätzungen** bzw. Prognosen handelt.*
- *Fallen Sie nicht darauf herein, wenn die **Einheiten** ausgetauscht werden – hier soll Ihr konzentriertes Lesevermögen getestet werden. Wenn z. B. im Schaubild von prozentualen Angaben die Rede ist, in einer Aussage dagegen von „Millionen Dollar", wurde bewusst die falsche Einheit gewählt.*
- *Stellen Sie sicher, dass Sie Prozentangaben und Brüche in ihrer Größenordnung **abschätzen** können. Es könnte sein, dass in der Infografik z. B. von 20% der Bevölkerung die Rede ist, in einer Aussage hierzu aber von „jedem Fünften", was den gleichen Anteil darstellt.*
- *Übersehen Sie auch nicht das **Kleingedruckte,** das oftmals mit einem Sternchen versehen am Rand steht. Diese Informationen sind häufig wesentlich für die Bearbeitung der Aufgaben.*
- *Oftmals hilft es auch nach **„Signalwörtern"** zu suchen, wenn in den Aussagen z. B. ein bestimmtes Land oder eine bestimmte Zahl genannt werden.*
- *Stellen Sie sicher, dass Sie die unterschiedlichen **Diagrammarten** benennen können: Kreis-, Torten-, Linien-, Flächen, Balken-, Säulendiagramm etc.*
- *Achten Sie darauf, dass im Text der Aufgaben **synonyme** Begriffe zu denen in der Infografik verwendet werden könnten, z. B. Export statt Ausfuhr, Aufschwung statt Expansion.*
- *Unterscheiden Sie den **Herausgeber** der Infografik (häufig hinter dem ©-Zeichen angegeben) von der Datenquelle (häufig als **„Quelle"** bezeichnet).*
- *Streichen Sie im Aufgabengeheft entscheidende Zahlen, Fakten und Informationen an, die Ihnen beim Auswerten helfen könnten. Nur der Lösungsbogen wird zur Bewertung herangezogen.*

6 Außenhandelsbeziehungen Deutschlands

In dem Text „Globalisierung – etwas Neues?" ist unter anderem vom grenzüberschreitenden Handel die Rede.

▶ a) Die auf Seite 79 abgedruckte Grafik 1 „Deutschland Im- und Export" verdeutlicht die vielfältigen wirtschaftlichen Verflechtungen Deutschlands mit anderen Staaten. Dazu liegen Ihnen die folgenden sieben Aussagen vor. Kreuzen Sie im Lösungsbogen an, ob die Aussagen zur Grafik 1 jeweils richtig oder falsch sind.

1 Nach einem massiven Einbruch im Krisenjahr 2009, der sich in einem Rückgang des deutschen Exports um 17,9 Prozentpunkte zeigt, stieg der deutsche Export im Folgejahr Schätzungen zufolge wieder an.

2 Rund die Hälfte des Einbruchs beim Import mit 16,4% im Jahr 2009 betrifft die Einfuhren aus China.

3 Nach Schätzungen des DIHK wird der Export in den Jahren 2010 und 2011 jeweils stärker als der Import wachsen.

4 Die Exporte nach Frankreich sind im Jahr 2010 geschätzt um knapp 10% angestiegen.

5 China war mit geschätzten 8,8% im Jahr 2010 Deutschlands größtes Importland.

6 Für die Darstellung in der Infografik wurden Säulen- und Längendiagramme gewählt.

7 Die Daten für die Infografik stammen von der Deutschen Immobilien Handelskanzlei.

6 Außenhandelsbeziehungen Deutschlands

a) Kreuzen Sie an:

	1	2	3	4	5	6	7
richtig	X				X		
falsch		X	X	X		X	X

je 1 Punkt, insgesamt 7 Punkte 7 P.

6 a)
Um zu entscheiden, ob die Aussagen richtig oder falsch sind, muss die Infografik „entschlüsselt" werden. Diese enthält eine Vielzahl von Informationen:

- *rechts oben ein Säulendiagramm mit den prozentualen Veränderungen des deutschen Außenhandels, wobei die grauen Säulen den Export und die weißen den Import darstellen, sich die Prozentangaben auf die Veränderungen im Vergleich zum Vorjahr beziehen und für die Jahre 2010 und 2011 lediglich Schätzungen vorhanden sind,*
- *links unten ein Balkendiagramm über die anteilsmäßig größten Export-Handelspartner für 2010 mit geschätzten Werten sowie*
- *rechts unten ein Balkendiagramm über die anteilsmäßig größten Import-Handelspartner, ebenfalls mit Schätzwerten für 2010.*

Für die erfolgreiche Bearbeitung der Aufgabenstellung müssen diese drei Diagramme sorgfältig und kritisch ausgewertet werden sowie die angegebenen Aussagen genau gelesen werden:

1. *Wie das rechts oben abgebildete Säulendiagramm zeigt, folgte dem massiven Einbruch beim Außenhandel im Jahr 2009 im Jahr 2010 (Schätzwert) eine deutliche Erholung.*
2. *Diese Aussage ist falsch, da sich das Säulendiagramm auf prozentuale Veränderungen im Außenhandel im Jahr 2009 bezieht, das unten rechts angegebene Balkendiagramm jedoch auf prozentuale Anteile der Länder am Import im Jahr 2010, in dem zudem eine positive Entwicklung beim Außenhandel stattgefunden hat.*
3. *Für das Jahr 2010 trifft diese Aussage zu, fürs Jahr 2011 eben nicht, da hier der Import größere Zuwachsraten aufweist. Mit der Angabe „DIHK" wird die Datenquelle angesprochen; diese ist richtig zitiert.*
4. *Im Balkendiagramm links unten wird nicht die prozentuale Veränderung der Exporte dargestellt, sondern der Anteil der Exporte in ein Land; ob dieser gestiegen oder gesunken ist, geht aus dieser Infografik nicht für ein bestimmtes Land hervor.*
5. *Im Balkendiagramm rechts unten werden die Länder, aus denen Deutschland im Jahr 2010 importieren wird (Schätzung), ihrem Anteil nach dargestellt; Chinas Anteil ist mit 8,8% am höchsten, also ist die Aussage richtig.*
6. *Es wurden Säulen- und Balkendiagramme gewählt.*
7. *DIHK steht für „Deutscher Industrie- und Handelskammertag"; dies ist ein eingetragener Verein, dessen Mitglieder die IHKs sind, deren Interessen er vertritt.*

▶ b) Im Folgenden finden Sie fünf Aussagen, die sich auf die Grafik 2 „Außenhandel wieder auf Rekordkurs" (abgedruckt auf S. 79) beziehen. Tragen Sie die Kennbuchstaben der Aussagen, die auf die Grafik 2 zutreffen, in den Lösungsbogen ein.

A Selbst im Krisenjahr 2009 wurden Güter im Wert von 808 Millionen Euro exportiert.

B Im Jahr 2011 werden Exporte im Wert von über einer Billion Euro erwartet.

C Laut der Grafik lag der prognostizierte Wert des Exports 2010 noch unter dem des Jahres 2007.

D Seit fünf Jahren importiert Deutschland mehr, als es exportiert.

E Die Daten der Infografik stammen vom Staatlichen Bundesamt BGA.

▶ c) Zur Grafik 3 „Investitionsziel Ausland" (abgedruckt auf S. 79) liegt Ihnen der unten stehende Lückentext vor. Tragen Sie für die Textlücken **1** bis **5** die jeweils zutreffende Information aus der Grafik in den Lösungsbogen ein.

Nach einer DIHK-Umfrage plant jedes ____**(1)**____ deutsche Industrieunternehmen Investitionen in Russland, Ukraine oder Südosteuropa. ____**(2)**____ Prozent der deutschen Unternehmen möchten durch Auslandsinvestitionen Kosten sparen. Der Hauptgrund für fast die ____**(3)**____ der Industrieunternehmen liegt jedoch darin, dass sie sich Erleichterungen im ____**(4)**____ versprechen. Nach den EU-Ländern zählt Asien – insbesondere ____**(5)**____ – zu den bevorzugten Regionen für Investitionen.

b) Kennbuchstaben der zutreffenden Aussagen: **B C**

je 1 Punkt, insgesamt 2 Punkte
Reihenfolge beliebig

Bei **mehr als zwei** Nennungen: 1 Punkt Abzug pro zusätzlichem Eintrag. **Ab vier** Nennungen: 0 Punkte

2 P.

c) (1) **vierte**

(2) **24**

(3) **Hälfte**

(4) **Vertrieb und Kundendienst**
(nicht: **Marktnähe**)

(5) **China**

je 1 Punkt, insgesamt 5 Punkte

5 P.

6 b)

Bei der Infografik muss besonderes Augenmerk auf die Analyse der Größenordnungen in den Angaben gelegt werden. Das obere Liniendiagramm stellt die Entwicklung der Exporte dar und ist wie das untere Liniendiagramm über die Importe in Milliarden Euro angegeben. Hier sollen aus den fünf angegebenen Aussagen die beiden zutreffenden herausgesucht werden. Dafür müssen alle fünf Aussagen genau auf ihren Wahrheitsgehalt überprüft werden, indem jedes Mal die Infografik genau analysiert wird. Wenn Sie dabei offensichtlich falsche Aussagen finden, können Sie sie im Ausschlussverfahren zu Ihrer Hilfe gleich durchstreichen.

A Es handelt sich eben um 808 Milliarden Euro, nicht 808 Millionen.

B Die fürs Jahr 2011 als Prognose (Schätzung) angegebenen 1 003 Milliarden Euro für den Export könnten auch als 1,003 Billionen Euro, also über 1 Billion Euro, bezeichnet werden.

C Im Jahr 2007 wurden Güter im Wert von 965 Mrd. Euro exportiert, für 2010 wurden Exporte in Höhe von 937 Mrd. Euro prognostiziert, also weniger als 2007.

D Deutschland hat in allen angegebenen Jahren immer mehr exportiert als importiert.

E Die Daten stammen vom Statistischen Bundesamt und vom BGA (Bundesverband Großhandel, Außenhandel, Dienstleistungen e.V.), die Infografik dazu hat die Bildagentur Globus der dpa (Deutsche Presseagentur) erstellt.

6 c)

Das Kreisdiagramm links oben zeigt, aus welchen Gründen die befragten Unternehmen Investitionen im Ausland planen. Das Balkendiagramm rechts unten gibt an, in welchen Ländern diese Investitionen durchgeführt werden sollen. Hierbei werden die alten und die neuen EU-Länder getrennt dargestellt. Die einzusetzenden Begriffe und Zahlen müssen nicht nur inhaltlich stimmig sein, sondern sich auch grammatikalisch korrekt in den vorgegebenen Satz einfügen.

(1) Beim Balkendiagramm ist ein Wert von 25% für die Länder Russland, Ukraine bzw. Südeuropa angegeben. Hier gilt es zu knobeln: „25%“ passen grammatikalisch nicht in den Satz, aber dieser Wert entspricht jedem vierten Unternehmen, das Auslandsinvestitionen plant.

(2) Im Kreisdiagramm ist angegeben, dass 24% der Unternehmen aus Gründen der Kostenersparnis die Produktion im Ausland planen, was Investitionen in anderen Ländern einschließt.

(3) Hier wird nach dem „Hauptgrund“ für Auslandsinvestitionen gefragt; dies impliziert den höchsten angegebenen Prozentsatz. Im Kreisdiagramm sind dies 47%, also „fast die Hälfte“ der befragten Unternehmen.

(4) Es überwiegen die Gründe „Vertrieb und Kundendienst“; „Marktnähe“ passt grammatikalisch nicht in die Lücke.

(5) Der prozentuale Wert für China ist gesondert angegeben und nicht beim Wert für Asien erfasst; China ist somit das bedeutendste asiatische Land für Auslandsinvestitionen in dieser Grafik.

7 Texte verbessern

▶ a) Formulieren Sie jeden der folgenden Sätze in ein Satzgefüge um. Ergänzen Sie dazu die Hauptsätze im Lösungsbogen durch einen korrekten, sinngleichen Nebensatz, den Sie aus dem unterstrichenen Teil des jeweiligen Satzes bilden.

1. Aufgrund der verbesserten Reise- und Kommunikationsmöglichkeiten konnte der Globalisierungsprozess erst richtig in Gang kommen.
2. In einer globalisierten Welt treiben Länder verschiedener Kontinente miteinander Handel.
3. Es ist wichtig die sozialen Folgen der Globalisierung zu bedenken.
4. Man sollte auf dem globalen Markt versuchen durch den Schutz von Natur und Umwelt nachhaltig zu wirtschaften.
5. Vor allem die reichen Industriestaaten tragen die Verantwortung für Gerechtigkeit und Humanität auf den globalen Märkten.

7 Texte verbessern

a) 1. Der Globalisierungsprozess konnte erst richtig in Gang kommen,
weil/da die Reise- und Kommunikationsmöglichkeiten besser wurden ODER **weil/da sich die Reise- und Kommunikationsmöglichkeiten verbesserten** ODER **weil/da man besser reisen und kommunizieren konnte** (o. Ä.). 1 P.

2. In einer globalisierten Welt treiben Länder,
die/welche auf verschiedenen Kontinenten liegen ODER **die/welche sich auf verschiedenen Kontinenten befinden** ODER **die/welche zu verschiedenen Kontinenten gehören** (o. Ä.), 1 P.
miteinander Handel.

3. Es ist wichtig zu bedenken,
dass die Globalisierung soziale Folgen mit sich bringt ODER **welche sozialen Folgen die Globalisierung hat** ODER **wie sich die Globalisierung sozial auswirkt** (o. Ä.). 1 P.

4. Man sollte auf dem globalen Markt versuchen, nachhaltig zu wirtschaften,
indem/dadurch dass man Natur und Umwelt schützt ODER **indem/dadurch dass man auf den Schutz von Umwelt und Natur Wert legt/achtet** (o. Ä.). 1 P.

5. Vor allem die reichen Industriestaaten tragen die Verantwortung dafür,
dass es auf den globalen Märkten Gerechtigkeit und Humanität gibt ODER **dass auf den globalen Märkten Gerechtigkeit und Humanität herrschen/regieren** ODER **dass es auf den globalen Märkten gerecht und human zugeht** (o. Ä.). 1 P.

je Teilaufgabe 1 Punkt
Punktvergabe nur, wenn die **Art** des gebildeten Nebensatzes (Konjunktion/Relativpronomen) korrekt ist.

a) Aus den unterstrichenen Formulierungen muss ein Nebensatz gebildet werden. Dieser wird in der Regel durch eine Konjunktion (ein Bindewort) – je nach Sinnzusammenhang z. B. weil, obwohl, dass, nachdem – oder durch ein Relativpronomen eingeleitet. Die gebeugte Form des Verbs steht am Ende des Nebensatzes. Die Zeitstufe wird nicht verändert. Bei den vorgegebenen fünf Sätzen bildet der Nebensatz immer den zweiten Teil des neu entstandenen Satzgefüges. Achtung: Es sind vollständige Nebensätze gefragt und keine verkürzten (z. B. mit „um zu")!

Erläuterung zu Satz 4:
Der unterstrichene Satzteil liefert die Antwort auf die Frage, wodurch nachhaltig gewirtschaftet werden kann. Als Nebensatz beginnt er also mit „indem" oder „dadurch, dass". Es geht folglich nicht um eine Begründung („da", „weil") oder um einen Zweck („damit").

▶ b) Verbessern Sie in dem im Lösungsbogen abgedruckten Text (S. 97) die **zehn** Rechtschreibfehler. Streichen Sie die fehlerhaften Wörter durch und berichtigen Sie diese, indem Sie die Wörter (komplett!) in der korrekten Schreibweise darüber schreiben. Ein Beispiel ist vorgegeben.

Technische **Informationsverarbeitung**
b) ~~technische~~ Neuerungen, insbesondere im Bereich der ~~Informazionsverarbeitung~~ und der Kommunika-

zweifellos **entscheidende** **Globalisierungsprozesses**
tion, spielten ~~zweifelos~~ eine ~~entschneidende~~ Rolle für den Fortschritt des ~~Globalisierungsprozeßes~~ in der

neueren **Symbol**
~~Neueren~~ Zeit. Das Internet ist in mancherlei Hinsicht geradezu ein ~~Synbol~~ für die Globalisierung. Die

sekundenschnelle Verschieben
Anknüpfung der Finanzmärkte an das weltweite Netz macht das ~~sekunden schnelle verschieben~~ unvor-

dass
stellbarer Summen rund um den Erdball möglich. Manchem drängt sich die Vorstellung auf, ~~das~~ Geld

fehleranfällig
nur noch ein elektrischer Impuls im All sei, ~~fehleranfellig~~ und flüchtig.

je 1 Punkt bei korrekter Schreibweise einschließlich Groß- und Kleinschreibung, insgesamt 10 Punkte
Keine Punktvergabe, wenn nur der fehlerhafte Buchstabe ausgebessert, nicht aber das ganze Wort korrekt darüber geschrieben wurde.
Bei **mehr als zehn Änderungen:** 1 Punkt Abzug pro **überzähliger** Änderung.
Niedrigster Endpunktwert ist 0; siehe auch Berechnungsbeispiel unter 7 c) 10 P.

b) Texte zu korrigieren ist eine Aufgabenstellung, die uns im Alltag regelmäßig begegnet. Gefragt ist konzentriertes, genaues, möglicherweise wiederholtes Lesen. Dieses kann immer wieder an selbst formulierten Texten trainiert werden.
In der Aufgabe ist die Anzahl der zu findenden Fehler vorgegeben. Es wird empfohlen, zuerst die sicher erkannten falschen Stellen zu korrigieren und sich dann erst mit den Zweifelsfällen zu beschäftigen. Zu viele „Korrekturen" führen zu Punktabzug, ebenso das Korrigieren einzelner Buchstaben (und nicht des ganzen Wortes). Zudem sollte auf eindeutige und leserliche Schreibweise (insbesondere groß – klein) geachtet werden. Die Rechtschreibfehler in einem Text können unterschiedlicher Natur sein: Tippfehler, wie z. B. das Vertauschen, Auslassen oder Verdoppeln einzelner Buchstaben, oder Fehler, die auf mangelnde Kenntnisse der Regeln der deutschen Rechtschreibung zurückzuführen sind, wie z. B. im Bereich der Groß- und Kleinschreibung, der Zusammen- und Getrenntschreibung, der Schreibung (und Herleitung) von Fremdwörtern, der Unterscheidung der „S"- und anderer Laute (d – t, ä – e, i – ie – ieh, f – v, usw.). Gefragt sind nur nach der „neuen" deutschen Rechtschreibung eindeutige Fälle.

▶ c) Ergänzen Sie in dem im Lösungsbogen abgedruckten Text (S. 99) die fehlenden Kommas.

c) Weltweite Probleme, z. B. die Veränderung der Erdatmosphäre durch Erwärmung, das Ozonloch, das Schmelzen der Polkappen oder die Abholzung der tropischen Regenwälder, veranschaulichen das Thema Globalisierung besonders eindrucksvoll, da es sich hier um wirklich globale Probleme handelt. Trotzdem gibt es natürlich auch in den Bereichen, in denen es um Natur und Umwelt geht, regionale und lokale Probleme, selbst wenn sie teilweise grenzüberschreitend sind, wie das etwa bei der Verschmutzung der Flüsse der Fall ist. Damit man diese Probleme sinnvoll angehen kann, ist eine gute internationale Kommunikation nötig, denn ein Land alleine kann oft nicht Abhilfe schaffen. Wenn man sich vor Augen führt, dass einige ferne kleine Inselstaaten, die sich zu der Organisation AOSIS zusammengeschlossen haben, existenziell bedroht sind, wird deutlich, dass es sich um ein globales Thema handelt.

Beispiele für Punkteberechnung:

Beispiel 1		**Beispiel 2**	
Kommas gesetzt	16	Kommas gesetzt	18
zutreffend	13	zutreffend	12
Punktabzug	0	Punktabzug	2
Endpunkte	13	Endpunkte	10

je 1 Punkt, insgesamt 16 Punkte
Bei **mehr als 16 Kommas:**
1 Punkt Abzug pro **überzähligem** Komma.
Niedrigster Endpunktwert ist 0

16 P.

c) Hier hilft es, jeden Satz in Ruhe einzeln zu betrachten, seinen Sinn zu erfassen und seinen Aufbau zu untersuchen (z. B. Satzgefüge/Satzreihe, verkürzter Nebensatz, Aufzählung, Einschub [Apposition]).
Die Zahl der einzusetzenden Kommas ist vorgegeben. Es empfiehlt sich, nur die Kommas zu setzen, bei denen man sich sicher ist, und auf keinen Fall die vorgegebene Anzahl zu überschreiten, da dies Punktabzug zur Folge hat.

▶ d) Verbessern Sie in dem im Lösungsbogen abgedruckten Text (S. 101) die **zehn** Grammatikfehler. Streichen Sie die fehlerhaften Wörter durch und berichtigen Sie diese, indem Sie die Wörter (komplett!) in der korrekten Schreibweise darüber schreiben. Ein Beispiel ist vorgegeben.

d) Die Tatsache, dass ~~der~~ *die* Kosten für den Transport von Waren rapide gesunken ~~ist~~ ***sind*** und der Versand um ein Vielfaches schneller geworden ~~sind~~ ***ist***, bewirkt eine enorme Zunahme des weltweiten ~~Handel~~ ***Handels***. Nicht zuletzt resultieren daraus große Gewinne, aber auch Probleme, z. B. für die Umwelt und für die unterentwickelten ~~Ländern~~ ***Länder*** dieser Welt.

Das Ende des Kalten Krieges ~~ist~~ ***wird*** heute von ~~viele~~ ***vielen*** Experten als Wendepunkt in der Entwicklung der globalen Wirtschaft gesehen. Infolge des ~~Ost-West-Konflikt~~ *(Ost-West-)****Konflikts*** war die Welt in zwei Lager aufgeteilt, die nur wenige Beziehungen zueinander ~~unterhielt~~ ***unterhielten***. Jetzt ist der „Eiserne Vorhang" längst gefallen. Die ~~ehemalige~~ ***ehemaligen*** Ostblockstaaten haben sich dem Weltmarkt geöffnet. Immer mehr Länder bauen ~~in~~ ***auf*** Demokratie und freie Marktwirtschaft.

je 1 Punkt bei korrekter Schreibweise einschließlich Groß- und Kleinschreibung, insgesamt 10 Punkte
Keine Punktvergabe, wenn nur der fehlende Buchstabe ergänzt bzw. der fehlerhafte Buchstabe ausgebessert wurde, nicht aber das ganze Wort korrekt darüber geschrieben wurde.
Bei **mehr als zehn Änderungen:** 1 Punkt Abzug pro **überzähliger** Änderung.
Niedrigster Endpunktwert ist 0; siehe auch Berechnungsbeispiel unter 7 c) — 10 P.

d) Bei dieser Aufgabe sollte die Vorgehensweise ähnlich sein wie bei b) und c): Nur wenn man sich sicher ist, sollte der gefundene Fehler – diesmal aus dem Bereich der Grammatik – korrigiert werden (wiederum durch das Schreiben des ganzen Wortes). Grammatikfehler treten z. B. bei der falschen Verwendung der Fälle oder von Einzahl/Mehrzahl auf.

8 „... man nennt es Globalisierung!!"

▶ Eine Karikatur kann viele Aussagen gleichzeitig enthalten. Sie soll den Betrachter zum kritischen Nachdenken anregen und auf neue Ideen bringen. Welche der angegebenen Aussagen und weiterführenden Gedanken passen zur Karikatur? Setzen Sie bei den zutreffenden Nummern im Lösungsbogen jeweils ein Kreuz.

Quelle: Gerhard Mester

1 So mancher hat unter der Globalisierung zu leiden.

2 Die Ersten werden die Letzten sein.

3 Die Globalisierung bewirkt, dass kleinere Betriebe aufgekauft oder verdrängt werden.

4 Große Konzerne sind die Gewinner der Globalisierung.

5 Man sollte die Globalisierung vorantreiben, weil sie enorme Vorteile mit sich bringt.

6 Väter sollten mehr mit ihren Kindern unternehmen.

7 Durch den Globalisierungsprozess werden mehr Firmen eröffnet.

8 Große Betriebe überleben den Globalisierungsprozess.

9 Wirtschaftsaufschwung

▶ Berichtigen Sie die vier Fehler (falsche Fachbegriffe bzw. Bezeichnungen) im Text, die durch Unterstreichen kenntlich gemacht sind, indem Sie die korrekten Bezeichnungen in den Lösungsbogen eintragen.

Nach dem Krisenjahr 2009 nahm die Wirtschaft in Deutschland wieder Fahrt auf. Mit dem Anziehen der **(1)** Konjunktion denken viele Unternehmen wieder vermehrt über Investitionen nach, um in Zukunft mehr produzieren zu können. Durch modernste Fertigungstechnik möchte die deutsche Industrie ihre **(2)** Konsistenzfähigkeit gegenüber dem Ausland stärken. Auf Seiten der Verbraucher macht sich allerdings eine Sorge breit: Steigende Verbraucherpreise schüren die Angst vor einer stärkeren **(3)** Imploration. In der Folge wird befürchtet, dass sich dies auch auf den privaten **(4)** Konkurs, also die Nachfrage nach Verbrauchsgütern, auswirkt.

8 „... man nennt es Globalisierung!!"

Kreuzen Sie an:	1	2	3	4	5	6	7	8
zutreffend	X		X	X				X

je 1 Punkt, insgesamt 4 Punkte
Bei **mehr als vier** Kreuzen: 1 Punkt Abzug pro zusätzlichem Kreuz.

4 P.

Eine Karikatur übt auf witzig-ironische Weise Kritik und soll zum Nachdenken über ein (aktuelles) Thema anregen. Um eine Karikatur interpretieren zu können, ist immer Hintergrundwissen notwendig. Hier lässt es sich aus dem Text „Globalisierung – etwas Neues" erschließen. Die Karikatur von Gerhard Mester zeigt einen Vater, der vor einem Aquarium steht und seinem Sohn erklärt, was Globalisierung seiner Meinung nach bedeutet. Die sich gegenseitig auffressenden Fische stellen eine Metapher für die negativen Seiten der Globalisierung dar: Die „großen Fische" fressen die kleinen auf – gemeint ist, dass die kleineren Unternehmen durch die großen Weltkonzerne immer mehr aufgekauft oder verdrängt werden. Zur Lösung dieser Aufgabe ist es sinnvoll, wenn man zuerst für sich selbst versucht, zu erschließen, worum es geht, und sich dann erst an das Ankreuzen der richtigen Aussagen macht. Mit dem entsprechenden Hintergrundwissen können die Aussagen 2, 5, 6 und 7 ohne Probleme als unpassend ausgeschlossen werden.

In den Text der Aufgabe 9 wurden vier falsche „Fachbegriffe" eingesetzt – nach mehrmaligem Lesen des Textes sollte man zunächst inhaltlich sicher sein, welcher Begriff in den Lücken fehlt, danach den entsprechenden Fachbegriff finden. Diese gesuchten Begriffe klingen ähnlich wie die angegebenen Wörter, die aber teilweise erfunden sind. Zur Vorbereitung könnten Sie sich eine Sammlung von wirtschaftlichen Fachbegriffen anlegen, die z. B. mit Karteikärtchen (vorn der Begriff, hinten die Erklärung) geübt werden könnten.

*(1) Der erste Satz gibt den entscheidenden Hinweis auf den gesuchten Begriff: Wenn die Wirtschaft wieder Fahrt aufnimmt, erholt sich die **Konjunktur** bzw. sie zieht an. Ein weiterer Hinweis steht im zweiten Satz, nämlich dass Unternehmen vermehrt über Investitionen nachdenken; dies ist ein Kennzeichen für einen konjunkturellen Aufschwung.*

*(2) Mithilfe der modernen Fertigungstechniken möchte die deutsche Industrie gegenüber dem Ausland bestehen, also gegenüber der ausländischen **Konkurrenz.***

*(3) Preissteigerungen sind ein Anzeichen für steigende **Inflations**raten, also für eine zunehmende Geldentwertung.*

*(4) Die „Nachfrage nach Verbrauchsgütern" ist der entscheidende Hinweis auf den gesuchten Fachbegriff **Konsum;** dieser bezeichnet den privaten Verbrauch.*

9 Wirtschaftsaufschwung

(1) **Konjunktur**

(2) **Konkurrenz(fähigkeit)**

(3) **Inflation**

(4) **Konsum**

je 1 Punkt, insgesamt 4 Punkte

4 P.

10 Welcher Begriff passt nicht in die Reihe?

▶ Ein Begriff gehört jeweils nicht in die Reihe. Tragen Sie diesen in den Lösungsbogen ein.

(1) Inflation – Investition – Kaufkraft – Warenkorb

(2) Aktie – Kurs – DAX – Sparbuch

(3) Export – Handelsbilanz – Expansion – Import

(4) Aufschwung – Rezession – Spitzengeschäft – Depression

11 Globalisierung und Internet

„Das Internet trägt entscheidend zum Prozess der Globalisierung bei."

▶ a) Stützen Sie diese Behauptung durch eine Begründung, die Sie dem Text „Globalisierung – etwas Neues?" (Textabschnitt 8) entnehmen, und vervollständigen Sie den Satz im Lösungsbogen.

▶ b) Kreuzen Sie im Lösungsbogen an, welche der aufgeführten Notizen als Beispiel zu diesem Argument passen und welche nicht.

Notizen zu einem Referat

1 Verlinkungen zu angesagten Partys auf Userprofilen

2 schnelle, gezielte Verbreitung von Gerüchten

3 soziale Netzwerke: Grenzen durchlässiger für Geschäftskontakte

4 problemlose Pflege von Kundenbeziehungen

5 Kinder sehen nicht jugendfreie Bilder in Singlebörsen und Werbung für Zigaretten und Alkohol.

6 virtuelle Selbstdarstellung: Präsentation der Unternehmen auf den Weltmärkten, um global wettbewerbsfähig zu bleiben

7 Nachricht lässt sich nicht wieder löschen, wenn sie einmal im Netz steht. Jahrzehntelange, jederzeit abrufbare Datenspeicherung.

10 Welcher Begriff passt nicht in die Reihe?

(1) **Investition** (3) **Expansion**

(2) **Sparbuch** (4) **Spitzengeschäft**

je 1 Punkt, insgesamt 4 Punkte — 4 P.

Jeweils drei der vier angegebenen Begriffe stehen in einem sachlichen Zusammenhang, der vierte klingt vielleicht ähnlich, passt aber nicht dazu. Es sollte ein Zusammenhang von drei Begriffen gesucht werden, optimal ist, wenn man den vierten zudem ausschließen kann. Machen Sie auch die „Gegenprobe" – gibt es wirklich keinen Zusammenhang Ihres aussortierten Begriffs mit den drei anderen? Haben Sie alle Begriffe richtig verstanden? Auch hier hilft Ihnen eine Sammlung von wirtschaftlichen Fachbegriffen auf Karteikärtchen.

(1) Hier soll der Begriff „Investition", der in den bisherigen Aufgaben vornehmlich vorkam, von der richtigen Lösung ablenken. Es gehören jedoch die anderen drei zusammen: Anhand eines Warenkorbs wird die Inflationsrate bestimmt, die wiederum Veränderungen in der Kaufkraft der Verbraucher ausdrückt.

(2) Die ersten drei Begriffe drehen sich um die Geldanlage in Aktien: Der Preis von Aktien wird an der Börse als (Stück-)Kurs festgesetzt und der DAX ist der wichtigste deutsche Aktienindex. Das Sparbuch ist eine andere Form der Geldanlage.

(3) Export und Import gehören zusammen, beide führen zu einer positiven oder negativen Handelsbilanz eines Landes, je nachdem, welches Phänomen überwiegt. Als Expansion wird oftmals ein Aufschwung beschrieben.

(4) Die vier Konjunkturphasen gehören zum Grundwissen im wirtschaftlichen Bereich und heißen Aufschwung/Expansion, Hochkonjunktur/Boom, Abschwung/Rezession und Tiefstand/Depression. Der Begriff Spitzengeschäft gehört nicht zu diesen Phasen.

11 Globalisierung und Internet

a) Das Internet trägt entscheidend zum Prozess der Globalisierung bei,

denn globale Kommunikationsnetze ermöglichen neue Produktions-, Absatz- und Vermarktungsstrategien (o. Ä.).

1 Punkt für Inhalt, 1 Punkt für Sprache, insgesamt maximal 2 Punkte
Rechtschreibung wird nicht gewertet. — 2 P.

b) Kreuzen Sie an:

	1	2	3	4	5	6	7
passt zur Begründung			X	X		X	
passt nicht zur Begründung	X	X			X		X

je 1 Punkt, insgesamt 7 Punkte — 7 P.

Voraussetzung zum Lösen dieser Aufgabe sind Kenntnisse über den Aufbau eines Arguments. Dieses besteht immer aus einer Behauptung, einer dazu passenden Begründung und einem erläuternden Beispiel.

a) Wichtig ist, sich bei der Begründung an den genannten Textabschnitt zu halten und keine nicht darin enthaltenen Aspekte anzusprechen. Hier soll überprüft werden, ob Informationen aus dem Text angewendet werden können.

b) Nun müssen Beispiele gefunden werden, die veranschaulichen, dass durch das Internet neue Produktions-, Absatz- und Vermarktungsstrategien ermöglicht werden. Da es hier um wirtschaftliche Gesichtpunkte geht, erschließt sich von selbst, dass die Notizen 1, 2 und 5 nicht passen, da sie sich auf die private Internetnutzung beziehen. Notiz 7 beleuchtet einen in diesem Zusammenhang nicht relevanten Aspekt des Internets.

12 Politische Globalisierung?

▶ Hat die Globalisierung auch die Politik erreicht? Ergänzen Sie die Lücken in folgendem Text durch die passenden Begriffe aus der Auswahlliste. Notieren Sie im Lösungsbogen den Kennbuchstaben des jeweils einzusetzenden Begriffs.

Mit dem, was die Wirtschaft seit Langem praktiziert, tun sich die Regierungen der ___(1)___ noch schwer. Sie wollen nur ungern ihre nationalen Interessen größeren ___(2)___ Zusammenschlüssen unterordnen. Auch bayerische Unternehmer sind längst weltweit als ___(3)___ aktiv. Sie müssen sich immer wieder den Marktmechanismen anpassen. In Europa ist die Politik ein Stück weiter: In der ___(4)___ werden zwar auch nationale Interessen eingebracht, doch steht prinzipiell die europäische Gemeinschaft über den Einzelinteressen. An den europäischen ___(5)___ gibt es grundsätzlich keine Grenzkontrollen mehr. Die Politik in Europa muss immer wieder ___(6)___ sein. Gerade die gemeinsame Währung, der ___(7)___, verlangt dies. Auch wir in Deutschland müssen uns um die ___(8)___ von zum Beispiel Griechenland oder Irland kümmern. Die gemeinsame Währung hat zweifelsohne für die Wirtschaft und die ___(9)___ etliche Vorteile. Für den Reisenden war es aufwändig, beim Grenzübertritt auch die richtige ___(10)___ dabeizuhaben. Wer zum Beispiel heute über Österreich nach Sizilien reist, braucht nur noch die nötigen Cents in der Tasche.

Auswahlliste:

A	Zentralstaaten	**G**	Außengrenzen	**N**	kompromissfähig	**T**	Bundesstaaten
B	interdependenten	**H**	Nationalstaaten	**O**	EU	**U**	Binnengrenzen
C	Euro	**I**	Wechselkurse	**P**	Shareholder	**V**	Verbraucher
D	labil	**K**	internationalen	**Q**	UNO	**W**	Geldmenge
E	Global Player	**L**	Mauern	**R**	Währung	**X**	Friedensbewegung
F	EWG	**M**	Schulden	**S**	Dollar	**Y**	innere Sicherheit

13 Kritik an der Globalisierung

▶ Bei einer Podiumsdiskussion gibt ein Globalisierungskritiker ein Statement ab. Sie sollen dieses für ein Protokoll in der indirekten Rede wiedergeben. Setzen Sie dazu die unterstrichenen Verben im Lösungsbogen korrekt in die Lücken ein. (Hinweis: Eine Umschreibung mit „würde" ist nicht zulässig.)

Wörtlich sagte der Interviewte:

„Die Entwicklungsländer <u>haben</u> durch die Globalisierung viele neue Möglichkeiten. Die Produkte <u>können</u> in die ganze Welt verkauft werden und es <u>besteht</u> ein enormer Kostenvorteil bei den Arbeitskräften. Die meisten dieser Länder <u>haben</u> aber wenig Kapital, sodass sie in vielen Fällen von Kapitalgebern aus den westlichen Industrieländern abhängig <u>sind</u>. Dieses Abhängigkeitsverhältnis <u>wird</u> auch oft ausgenutzt. Probleme für die Entwicklungsländer <u>stellen</u> aber insbesondere die zahlreichen Beschränkungen und Beschneidungen des freien Handels durch die reicheren Staaten dar.

12 Politische Globalisierung?

Tragen Sie die Kennbuchstaben der Begriffe ein:

(1)	(2)	(3)	(4)	(5)	(6)	(7)	(8)	(9)	(10)
H	K	E	O	U	N	C	M	V	R

je 1 Punkt, insgesamt 10 Punkte 10 P.

*Zehn Textlücken sind aus 24 Auswahlbegriffen zu füllen. Neben den passenden Wortarten und der grammatischen Passung sind natürlich die stimmigen Wortinhalte zu finden. Tipp: Mit Bleistift die gefundenen Auswahllistenbegriffe in die Lücken schreiben und überprüfen, ob dies eine sinnvolle, zutreffende Aussage ergibt. So kann in der Lücke (6) sicher kein Nomen richtig sein. In der Auswahlliste finden sich nur vier „Nicht-Nomen" – da kann grammatisch und inhaltlich nur der Kennbuchstabe „N" für **„kompromissfähig"** der zutreffende sein.*

*Da in Protokollen keine wörtliche (= direkte) Rede verwendet werden darf, müssen die Aussagen in die indirekte Rede umformuliert werden. Dabei ist zu beachten, dass sich die **Verbform** vom Indikativ (Wirklichkeitsform) zum Konjunktiv (Möglichkeitsform) verändert. Diese darf nicht mit „würde" umschrieben werden, obwohl dies möglich wäre. Die Zeitstufe muss gleich bleiben.*

13 Kritik an der Globalisierung

Protokoll in der indirekten Rede:

Der Interviewte sagt, dass die Entwicklungsländer durch die Globalisierung viele neue Möglichkeiten **hätten**. Die Produkte **könnten** in die ganze Welt verkauft werden und es **bestehe*)** ein enormer Kostenvorteil bei den Arbeitskräften. Die meisten dieser Länder **hätten** aber wenig Kapital, sodass sie in vielen Fällen von Kapitalgebern aus den westlichen Industrieländern abhängig **seien**. Dieses Abhängigkeitsverhältnis **werde** auch oft ausgenutzt. Probleme für die Entwicklungsländer **stellten** aber insbesondere die zahlreichen Beschränkungen und Beschneidungen des freien Handels durch die reicheren Staaten dar.

***)** nicht: **bestünde**

je 1 Punkt, insgesamt 7 Punkte 7 P.

14 Globalisierung in der Diskussion

▶ Lesen Sie die vorliegenden Themen 1 bis 6 genau durch. Entscheiden Sie, ob das jeweilige Thema eine eingliedrige, zweigliedrige oder dreigliedrige Erörterung erfordert, und tragen Sie geeignete Oberbegriffe für die Gliederung des Hauptteils (Reihenfolge beachten) in die Tabelle im Lösungsbogen ein.

Beispiel:

A *Durch die Globalisierung haben sich Wirtschaft, Verkehr und Kommunikation enorm verändert. Welche Vor- und Nachteile können diese Veränderungen mit sich bringen?*

Thema	Oberbegriff(e) für die Gliederung
A	*I. Vorteile* *II. Nachteile*

Themen

1 Die Kluft zwischen Arm und Reich wird größer. Welche Ursachen hat dieser Missstand? Wie kann man ihm entgegenwirken?

2 Die Welt rückt immer näher zusammen. Erörtern Sie die Gründe für den rasanten Globalisierungsprozess. Welchen Nutzen zieht die Gesellschaft daraus und inwiefern können Gefahren damit verbunden sein?

3 Wir leben in einer globalisierten Welt. Dies wirkt sich positiv und negativ auf die einzelnen Bürger aus.

4 Weltweit haben sich die Umweltprobleme verschärft. Welche grenzüberschreitenden Umweltprobleme stellen eine Gefahr für die Erdbevölkerung dar? Wie kann man versuchen sie zu lösen?

5 Kritiker fordern dazu auf, den Globalisierungsprozess zu stoppen. Wie stehen Sie dazu?

6 Grenzenlose Kommunikation ist ein Phänomen der globalisierten Welt. Welche Möglichkeiten haben wir heute, weltweit zu kommunizieren? Welche Vorteile ergeben sich daraus für Jugendliche?

14 Globalisierung in der Diskussion

Thema Nr.	Oberbegriff(e) für die Gliederung
1	**I. Ursachen** **II. Gegenmaßnahmen**
2	**I. Gründe** **II. Nutzen/Vorteile** **III. Gefahren** (nicht: **Nachteile**)
3	**I. Positive Auswirkungen/Vorteile** **II. Negative Auswirkungen/Nachteile**
4	**I. (Umwelt-)Probleme** **II. Lösungsansätze**
5	**I. Vorteile/Pro** **II. Nachteile/Kontra** **III. Eigene Meinung (Entscheidung)** **oder** **I. Nachteile/Kontra** **II. Vorteile/Pro** **III. Eigene Meinung (Entscheidung)**
6	**I. Möglichkeiten** **II. Vorteile (für Jugendliche)**

pro Oberbegriff 1 Punkt, insgesamt 14 Punkte

14 P.

Eine sinngemäße Ausformulierung der Oberbegriffe ist auch zulässig. Werden zu einem Thema **mehr Oberbegriffe** angegeben als für die Gliederung erforderlich sind: 1 Punkt Abzug für jeden zuviel genannten Oberbegriff.

Ob ein Thema ein-, zwei- oder dreigliedrig ist, erschließt sich daraus, wie viele Oberbegriffe für die Gliederung gefunden werden müssen. Meist werden diese in der Themenstellung bereits genannt (z. B. Vorteile – Nachteile, Ursachen – Gegenmaßnahmen).
Eine Ausnahme stellt Thema Nr. 5 dar: Wenn nach der eigenen Meinung („Wie stehen Sie dazu?“) gefragt wird, genügt es nicht, nur seinen Standpunkt darzulegen. Um diesen argumentativ überzeugend zu vertreten, ist vorher eine Abwägung der positiven und der negativen Gesichtspunkte notwendig; erst im dritten Teil wird die eigene Meinung ausgeführt. Das Thema ist also dreigliedrig: Vorteile – Nachteile – eigene Meinung.

15 Wenige leisten sich viel ...

▶ a) Tragen Sie im Lösungsbogen die Ziffern der Aussagen ein, die der untenstehenden Abbildung zu entnehmen sind.

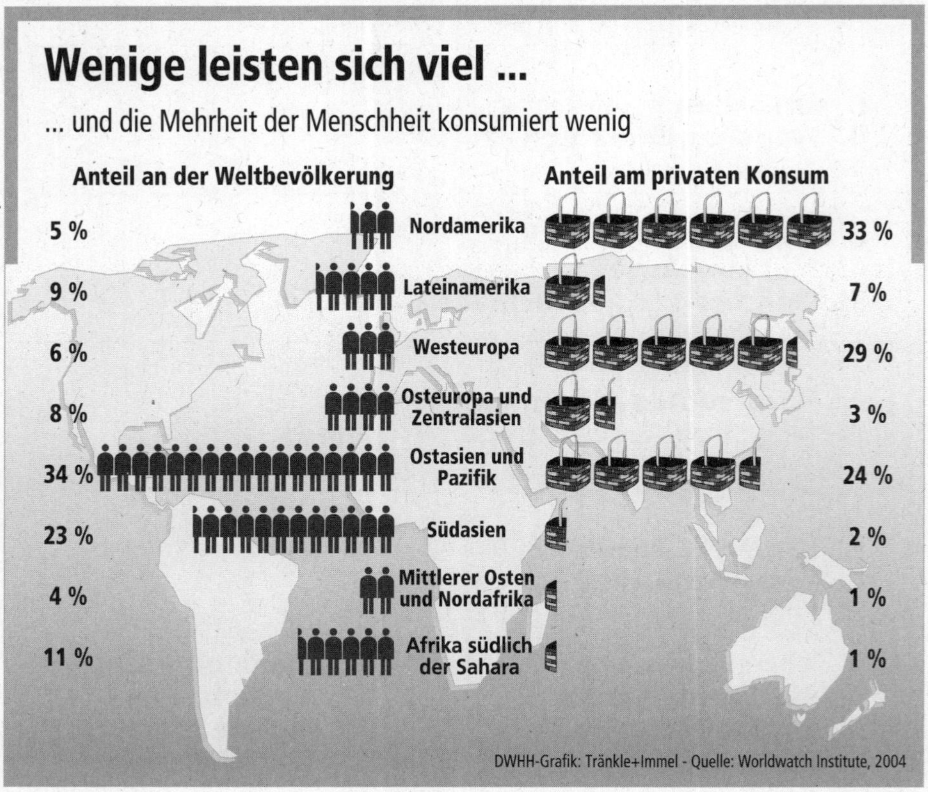

Veränderte Grafik nach einer Vorlage der Welthungerhilfe aus 2004

A	Die Mehrheit der Weltbevölkerung konsumiert zu viel, weil sich der kleinere Teil der Menschheit zu wenig leisten kann.
B	Am privaten Konsum weltweit hat Nordamerika den höchsten Anteil.
C	Obwohl Südasien fast ein Viertel der Weltbevölkerung stellt, entfällt vom weltweiten privaten Konsum nur ein Anteil von 2% auf diese Region.
D	Bezogen auf den Anteil der Weltbevölkerung ist die Konsumrate in Südasien am niedrigsten.
E	Mit einem Weltbevölkerungsanteil von 6 Prozent ist Westeuropa die sechststärkste Bevölkerungsregion.
F	Nur weil sie selbst viel arbeiten, können sich die Menschen in Westeuropa mehr leisten.
G	Wenn in den Industriestaaten weniger konsumiert würde, ginge es den ärmeren Staaten deutlich besser.

▶ b) In welcher in der Grafik genannten Region der Welt liegen die im Lösungsbogen aufgeführten geografischen Orte? Tragen Sie den jeweils zutreffenden Kennbuchstaben der Region aus der nachfolgenden Auflistung ein. Mehrfache Buchstabennennung möglich.

A	Nordamerika	**E**	Ostasien und Pazifik
B	Lateinamerika	**F**	Südasien
C	Westeuropa	**G**	Mittlerer Osten und Nordafrika
D	Osteuropa und Zentralasien	**H**	Afrika südlich der Sahara

15 Wenige leisten sich viel ...

a) Der Abbildung zu entnehmen sind: **B C D E** — je 1 Punkt, insgesamt 4 Punkte. Reihenfolge beliebig. Bei mehr als vier Nennungen: 1 Punkt Abzug pro zusätzlichem Eintrag. — 4 P.

b)

Japan	**E**	Belgien	**C**	Libyen	**G**	Alaska	**A**
Indien	**F**	Golf von Mexiko	**B**	Chile	**B**	Ägypten	**G**

je 1 Punkt, insgesamt 8 Punkte — 8 P.

a) Die vorliegende Grafik visualisiert Zusammenhänge durch zwei unterschiedliche Symbole: Die Körbe stehen für den privaten Konsum der Menschen, die Männchen symbolisieren, je nach Anzahl, den Anteil der jeweiligen Bevölkerungsregion an der Weltbevölkerung. Eine Weltkarte bildet den Hintergrund.
Zuerst gilt es, die Überschrift zu „entschlüsseln": Hier könnte es hilfreich sein, den Titel mit eigenen Worten wiederzugeben, um ihn genau zu verstehen, z. B.: „Wenige Menschen auf der Erde sind reich und können viel Geld ausgeben, die Mehrzahl der Menschen auf der Erde aber ist arm."
Dann werden der Grafik zuerst die Extremwerte entnommen: Der Bevölkerungsregion ***Nordamerika*** *(d. h. USA und Kanada zusammen) ist die größte Anzahl von Körben zugeordnet, sie stellt aber nur 5% der Weltbevölkerung. In* ***Südasien*** *dagegen – dem anderen Extrem – leben 34% der gesamten Weltbevölkerung, die „Kaufkraft" der Verbraucherhaushalte dort, die durch den halben Korb ausgedrückt wird, ist mit 2% im Verhältnis zu allen anderen aufgeführten Bevölkerungsregionen weltweit am geringsten.*
Wer ganz genau liest, und zwar Wort für Wort, dem muss sofort auffallen, dass bei Aussage A der Kausalzusammenhang unmöglich stimmen kann: Die Begründung ist unsinnig. Aussage B dagegen trifft zu: Für den privaten Konsum in ***Nordamerika*** *stehen die meisten Körbe, nämlich sechs, d. h. mit 33% hat* ***Nordamerika*** *den höchsten Anteil am privaten Konsum weltweit. Bei C ist der erste Satz richtig, denn* ***Südasien*** *stellt mit 23% fast ein Viertel (= 25%) der Weltbevölkerung. Dass hier auch Satz zwei stimmt, ist unschwer der Grafik zu entnehmen. Ebenso trifft Aussage D zu. Diese erweist sich als richtig, wenn man die Prozentzahlen links und rechts jeweils ins Verhältnis setzt. Für* ***Südasien*** *heißt das 23:2. Verglichen mit dem Rest der Weltbevölkerung ist das die niedrigste Konsumrate.*
Um Aussage E als richtig zu identifizieren, müssen nur die Symbole gezählt werden: Der Region ***Ostasien und Pazifik*** *sind die meisten Männchen zugeordnet, sie steht also an erster Stelle,* ***Südasien*** *an zweiter usw.,* ***Westeuropa*** *mit den drei Männchen an sechster Stelle. Aussagen F und G sind leere Behauptungen bzw. Mutmaßungen, die der Grafik nicht zu entnehmen sind.*

b) Hier wird grundlegendes, im Geografieunterricht erworbenes topografisches Wissen verlangt, nämlich die geografische Lage der Kontinente sowie der Staaten in Europa und auf der Erde. Auch größere Gewässer sollen sicher verortet werden können. Gezielte Atlasarbeit mit der Europa- und Weltkarte ist als Vorbereitung auf die Prüfung unbedingt Voraussetzung.

16 Demokratische Grundrechte

Bei uns selbstverständlich, in manchen Ländern unvorstellbar: die Teilnahme aller am demokratischen Willensbildungs- und Entscheidungsprozess.

So bestimmt das Grundgesetz für die Bundesrepublik Deutschland in Artikel 20 Abs. 2:

> *Alle Staatsgewalt geht vom Volke aus. Sie wird vom Volke in Wahlen und Abstimmungen und durch besondere Organe der Gesetzgebung, der vollziehenden Gewalt und der Rechtsprechung ausgeübt.*

Der Einzelne kann demnach bei uns auf den verschiedenen politischen Ebenen am demokratischen Willensbildungs- und Entscheidungsprozess teilhaben. Dabei wird unterschieden zwischen der kommunalen politischen Ebene, jener auf Landesebene (in unserem Fall der Freistaat Bayern), der Bundesebene und der Ebene Europas.

▶ Entscheiden Sie zunächst, welche Wahlen bzw. Abstimmungen aus der nachfolgenden Auswahlliste durch den Bürger stattfinden und prüfen Sie dann, welcher politischen Ebene diese zuzuordnen sind. Tragen Sie schließlich die betreffenden Kennbuchstaben in die jeweils passende Zeile im Lösungsbogen ein.

Auswahlliste:

A	Bundeskanzlerwahl	**G**	Bürgerentscheid nach einem Bürgerbegehren
B	Landtagswahl	**H**	Europawahl
C	Volksentscheid nach einem Volksbegehren	**I**	Gemeinderatswahl
D	Europaentscheid nach einem Europabegehren	**K**	UNO-Vollversammlungswahl
E	Kreisdirektorwahl	**L**	Bundestagswahl
F	Ministerpräsidentenwahl	**M**	EU-Ministerratswahl

17 Politische Globalisierung: die Vereinten Nationen

▶ Die Vereinten Nationen sind der Ort der Politik, an dem sich die Globalisierung widerspiegelt. Kreuzen Sie im Lösungsbogen an, welche der nachfolgenden Aussagen jeweils zutreffend ist.

1
- **a)** Der Sitz der Vereinten Nationen ist in Genf.
- **b)** Der Sitz der Vereinten Nationen ist in Brüssel.
- **c)** Der Sitz der Vereinten Nationen ist in New York.

2
- **a)** In der Vollversammlung sind fast alle Staaten der Welt vertreten, zurzeit also 600 Mitglieder.
- **b)** In der Vollversammlung sind fast alle Staaten der Welt vertreten, zurzeit also 4.000 Mitglieder.
- **c)** In der Vollversammlung sind fast alle Staaten der Welt vertreten, zurzeit also 192 Mitglieder.

3
- **a)** Der derzeitige oberste Repräsentant der Vereinten Nationen ist Kofi Annan aus Ghana.
- **b)** Der derzeitige oberste Repräsentant der Vereinten Nationen ist Sithu U Thant aus Birma bzw. Myanmar.
- **c)** Der derzeitige oberste Repräsentant der Vereinten Nationen ist Ban Ki-moon aus der Republik Korea.

4
- **a)** Am 1. Januar 2011 zog Deutschland für vier Jahre als nichtständiges Mitglied in den UN-Sicherheitsrat ein.
- **b)** Am 1. Januar 2011 zog Deutschland für immer als ständiges Mitglied in den UN-Sicherheitsrat ein.
- **c)** Am 1. Januar 2011 zog Deutschland für zwei Jahre als nichtständiges Mitglied in den UN-Sicherheitsrat ein.

16 Demokratische Grundrechte

Tragen Sie die Kennbuchstaben der Wahlen/Abstimmungen durch den Bürger ein:

Kommunale Ebene	Landesebene	Bundesebene	Europaebene
I G	**B C**	**L**	**H**

je 1 Punkt, insgesamt 6 Punkte 6 P.

Punktabzug, wenn in den Spalten 1 und 2 mehr als zwei Eintragungen bzw. in den Spalten 3 und 4 mehr als eine Eintragung gemacht wurde. Niedrigster Punktwert pro Spalte ist 0

Politische Beteiligung der Bürgerinnen und Bürger ist grundlegender Bestandteil jeder gelebten Demokratie. Die Teilnahme des Einzelnen an demokratischen Entscheidungen durch Wahlen oder Abstimmungen auf den vier in der Aufgabe genannten politischen Ebenen ist verfassungsmäßig garantiert und gesetzlich geregelt. So steht es dem Wahlberechtigten nicht zu, den Bundeskanzler oder den Ministerpräsidenten unmittelbar zu wählen, auch wenn in den Medien dies ab und zu suggeriert wird. Um eine Ebene zu erwähnen: In der politischen Gemeinde wählt der Wahlberechtigte den Gemeinderat und stimmt beim Bürgerentscheid nach einem Bürgerbegehren ab – er übt so im Sinne des zitierten Grundgesetzartikels die Staatsgewalt aus.

17 Politische Globalisierung: die Vereinten Nationen

Kreuzen Sie an:

1		2		3		4	
a)		a)		a)		a)	
b)		b)		b)		b)	
c)	**X**	c)	**X**	c)	**X**	c)	**X**

je 1 Punkt, insgesamt 4 Punkte 4 P.

Ankreuzaufgaben verleiten zur Annahme, dass, wie hier zum Beispiel, nicht durchgängig der gleiche Lösungsbuchstabe richtig sein kann. Irrtum! Es ist in der Tat bei den vier Aufgaben jedes Mal c) – Tipp: Von der Richtigkeit der Aussagen ausgehen, nicht von irgendwelchen Annahmen.

18 Umweltprobleme durch Globalisierung

▶ Im folgenden Argument werden weitere Gefahren, die durch die Globalisierung auftreten, ausführlich dargestellt. Leider bleiben die Autoren nicht bei der Sache. Welche der Sätze 3–16 passen **inhaltlich nicht** zur Behauptung (= Satz 2)? Kreuzen Sie die entsprechenden Satznummern im Lösungsbogen an.

(1) Die Umweltprobleme auf unserer Erde werden immer akuter. **(2) Nur durch internationale Zusammenarbeit kann ihnen sinnvoll entgegengewirkt werden.** **(3)** Globale Umweltprobleme wie der Treibhauseffekt, die Verschmutzung der Weltmeere oder die Schädigung der Ozonschicht in der Stratosphäre lassen sich nicht im nationalen Alleingang lösen, z. B. in Deutschland oder auch in Europa. **(4)** Zu groß ist die Gefahr im Abfallmanagement, dass strenge nationale Umweltschutzvorschriften auf internationalen Umwegen unterlaufen werden, wie z. B. die Müllexporte in Entwicklungsländer der Dritten Welt gezeigt haben. **(5)** Dort werden unzählige Minderjährige, die auf den Deponien beschäftigt werden, durch Kinderarbeit ausgebeutet. **(6)** Und spätestens die Umweltkatastrophe in Tschernobyl hat bewiesen, dass Umweltverschmutzung grenzüberschreitend ist. **(7)** Der Fall des Eisernen Vorhangs stellt aber bereits einen politischen Neuanfang dar. **(8)** Solange verschiedene Staaten wirtschaftlich miteinander konkurrieren, besitzt ein Land mit schärferen Umweltschutzgesetzen in der Globalisierung einen Wettbewerbsnachteil gegenüber einem Land mit geringeren Umweltschutzvorschriften. **(9)** Noch gibt es keine globale Wirtschafts-, Wettbewerbs- und Umweltpolitik, sondern nur regionale Kooperationen von verschiedenen Ländern. **(10)** In manchen Ländern werden auch die einzelnen Bürger zum Umweltschutz herangezogen, indem sie zur Mülltrennung aufgerufen werden und Prämien für umweltfreundliche Hausenergiesysteme erhalten. **(11)** Um Wettbewerbsverzerrungen zu vermeiden, werden weltweit einheitliche Umweltstandards benötigt. **(12)** Wird Umweltverschmutzung nicht weltweit spürbar teurer, dann besteht die Gefahr von Umwelt-Dumping, d. h. umweltunfreundliche Produkte verdrängen die umweltfreundlicher hergestellten Produkte vom Markt. **(13)** Angenommen, ein Unternehmen in Deutschland setzt bereits über die gesetzlichen Bestimmungen hinaus besonders umweltfreundliche Produktionsverfahren ein, z. B. in Form einer freiwilligen und teuren Reinigung seiner Abwässer. **(14)** Hätte dieses Unternehmen unerwartet hohe Umsatzeinbußen zu verzeichnen, dann stünde die Unternehmensleitung in dieser schwierigen Lage vor einem Interessenkonflikt. **(15)** Durch die Beschäftigung von billigen Arbeitnehmern im Ausland könnte sie dem Dilemma entgegenwirken. **(16)** Damit die Lösung der weltweiten Umweltkrise im Zuge der Globalisierung nicht im Ansatz stecken bleibt, müsste ein Welt-Umweltministerium geschaffen werden.

19 Wetter und Klima – global

▶ a) Ordnen Sie die nachfolgenden Klimadiagramme 1 bis 4 den vier zur Auswahl stehenden, geografischen Orten A bis D zu. Tragen Sie hierzu die Kennbuchstaben der Orte in den Lösungsbogen ein.

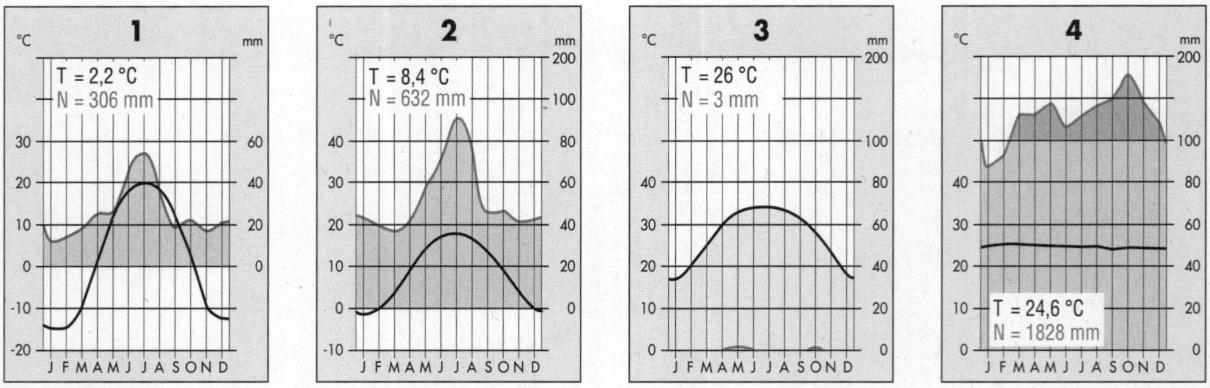

Quellen:
Brucker/Hausmann: Unsere Erde 7 (Nr. 2: S. 95) und Unsere Erde 8 (Nr. 3 + 4: S. 15), Realschule, Ausgabe B, München 1994.
Brucker/Hausmann: Unsere Erde 9 (Nr. 1: S. 55), Realschule, Ausgabe B, München 1995.

A	Nürnberg, Deutschland (gemäßigtes Klima)
B	Karaganda, Kasachstan (Polarklima)
C	Kisangani, Demokratische Republik Kongo (Regenwaldklima)
D	Assuan, Ägypten (Wüstenklima)

18 Umweltprobleme durch Globalisierung

Kreuzen Sie an:

	3	4	5	6	7	8	9	10	11	12	13	14	15	16
zur Behauptung passen nicht			X		X			X					X	

je 2 Punkte, insgesamt 8 Punkte
Bei **mehr als vier** Kreuzen: 2 Punkte Abzug pro zusätzlichem Kreuz.
Bei **mehr als sieben** Kreuzen: 0 Punkte

8 P.*

Auch bei dieser Aufgabe ist die Kenntnis über den korrekten Aufbau eines Arguments und darüber, dass es in sich schlüssig sein muss, unerlässlich. Jeder der Sätze 3 bis 16 muss daraufhin untersucht werden, ob er inhaltlich zu Satz 2, also zu der Behauptung, dass nur durch internationale Zusammenarbeit etwas gegen die Umweltprobleme ausgerichtet werden kann, passt.
In Satz 5 geht es um Kinderarbeit, in Satz 7 um den Fall des Eisernen Vorhangs, in Satz 10 werden Beispiele, wie der Einzelne die Umwelt schützen kann, benannt und Satz 15 thematisiert den Einsatz billiger Arbeitskräfte im Ausland. All diese Aspekte beziehen sich nicht auf die Behauptung.

19 Wetter und Klima – global

a) Tragen Sie die Kennbuchstaben der Orte ein:

1 = B **2 = A** **3 = D** **4 = C**

je 1 Punkt, insgesamt 4 Punkte 4 P.

a) Das Klimadiagramm zeigt die mittleren Niederschläge und Temperaturen eines Ortes. Die Temperaturen werden als Kurve dargestellt, die Niederschläge als Säule. Die Interpretation von Klimadiagrammen ist im Erdkundeunterricht eine grundlegende Methode. Aktiviertes Schulwissen reicht hier aus, um die Aufgabe lösen zu können. Bei den vorliegenden Diagrammen genügt schon ein Blick auf die Extremwerte: In Abbildung 1 fällt das Temperatur-Monatsmittel im Januar unter minus 10 Grad Celsius und im Sommer steigt die Temperaturkurve nicht über 20 Grad. Damit sind gemäßigtes sowie Wüsten- und Regenwaldklima ausgeschlossen. Bei Abbildung 1 muss es sich also eindeutig um das polare Klima (B) handeln. Extremwerte weist auch Abbildung 4 auf: hohe Niederschläge das ganze Jahr über und dazu eine fast waagrecht verlaufende Temperaturkurve: Die Monatsmittelwerte bewegen sich das ganze Jahr über um die 25 Grad Celsius. Dies trifft nur auf das Tageszeitenklima des Tropischen Regenwaldes (C) zu. Weiter lässt sich Klimadiagramm Nummer 3 mit seinen sehr geringen Niederschlagsmengen und einem Januarmittel um 18 Grad Celsius als Wüstenklima (D) identifizieren. Übrig bleibt Abbildung 2, die dem gemäßigten Klima zuzuordnen ist (A).

▶ b) In der nachstehenden Übersicht sind fünf Angaben bzw. Fachbegriffe durch Kennbuchstaben ersetzt. Tragen Sie in die Tabelle im Lösungsbogen die fehlenden Begriffe ein. Ein Beispiel ist dort vorgegeben.

Klimaelemente	**Messinstrumente**	**Beispiel**	**Einheit**
Temperatur	Thermometer	Flüssigkeits-thermometer 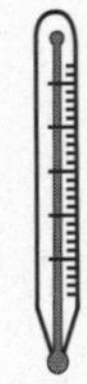	**A**
Sonnenstrahlung – Intensität – Dauer	Pyranometer Pyrheliometer	Pyranometer 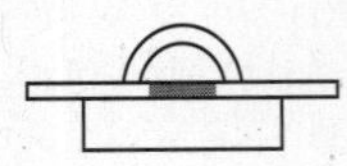	Watt pro Quadratmeter (W/m^2) Sonnenscheindauer in Stunden
Luftdruck	**B**		Hektopascal (hPa)
C	Anemometer (Geschwindigkeit) Windfahne (Richtung)	Schalenkreuz-anemometer 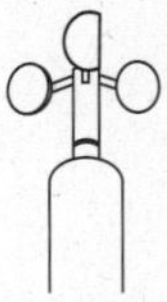	Meter pro Sekunde (m/s) (gemessen in 10 m Höhe)
D	Hygrometer Psychrometer	Hygrograph 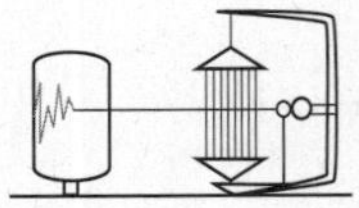	Prozent (%)
E	Regenmesser	Regenmesser 	Millimeter pro Quadratmeter (mm/m^2) $1\ mm/m^2 = 1\ l/m^2$

Quelle: Allianz Umweltstiftung, Informationen zum Thema „Klima": Grundlagen, Geschichte und Projektionen

20 Bayern, Deutschland, Europa und die Welt

▶ Bei den im Lösungsbogen angegebenen Wortaneinanderreihungen fehlen jeweils zwei Buchstaben. Die fehlenden Buchstaben markieren gleichzeitig den Anfang und das Ende eines geografischen Begriffs. Tragen Sie in jede Lücke den passenden Großbuchstaben ein, sodass pro Zeile drei geografische Begriffe entstehen.

Beispiel: Stuttgar __**T**__ hailan __**D**__ onau

b)

A	*Grad Celsius*
B	**Barometer**
C	**Wind** (nicht: **Sturm**)
D	**Luftfeuchtigkeit/Luftfeuchte**
E	**Niederschlag** (nicht: **Regen/ Schnee**)

je 1 Punkt, insgesamt 4 Punkte 4 P.

b) Bei Aufgaben dieser Art empfiehlt es sich, mit den vertrauten Fachbegriffen aus dem Alltag zu beginnen: Jedem dürfte das als Beispiel vorgegebene Fieberthermometer bekannt sein und auch die Tatsache, dass damit die Temperatur in „Grad Celsius" (A) gemessen wird. In fast jedem Haushalt findet sich wohl auch das Barometer (B), welches anzeigt, ob der „Luftdruck" fällt oder steigt, also ob sich das Wetter verändert. Auch hier sollte man auf Allgemeinwissen zurückgreifen können. Die „Windfahne" kann eigentlich nur den Wind – ein weiteres Klimaelement – messen. „Sturm" gilt hier als Antwort nicht, weil dieser Begriff die Windstärke ausdrückt. Um die richtige Lösung eintragen zu können, muss man nur genau lesen. Ähnlich verhält es sich mit dem Regenmesser. Allerdings reicht hier nicht der Begriff „Regen". Es muss noch der Oberbegriff gefunden werden: Mit dem Regenmesser werden natürlich auch Niederschläge in fester Form gemessen, z. B. Schnee. Richtig ist hier also nur der Begriff „Niederschlag" (E). Das Klimaelement „Luftfeuchtigkeit" (D) bezeichnet den Anteil des Wasserdampfs in der Luft. Dies sollte vom Geografieunterricht her bekannt sein. Die relative Luftfeuchtigkeit wird in % angegeben und mit dem Hygrograph (griechisch „hygrós" bedeutet „feucht" oder „nass") gemessen.

Mit etwas Koordinationsgabe und Allgemeinwissen – die zu ergänzenden geografischen Orte sollte man zumindest einmal gehört oder gelesen haben – kann diese Reihenaufgabe „spielend" durch die passenden Buchstaben ergänzt werden. Wer regelmäßig aktuelle Informationen aus den Medien aufgreift und diese mit Hilfe von Atlaskarten verortet, vertieft seine grundlegenden geografischen Kenntnisse und sein Allgemeinwissen kontinuierlich.

20 Bayern, Deutschland, Europa und die Welt

a) Nördlinger Rie **S** aal **E** ms 2 P.

b) Har **Z** yper **N** aab 2 P.

c) Delh **I** ndonesie **N** airobi 2 P.

d) Ber **N** ormandi **E** stland 2 P.

pro Teilaufgabe 2 Punkte, wenn **beide** Buchstaben richtig sind.
0 Punkte, wenn nur ein Buchstabe richtig ist.
Kleinbuchstaben werden auch akzeptiert.

21 Eine-Welt-Stationen in Bayern

▶ a) Ein Flyer, der über die „Eine-Welt-Stationen" in Bayern informiert, weist sprachliche Schwächen auf und soll überarbeitet werden. Finden Sie für die unterstrichenen Wörter die jeweils bessere Formulierung aus dem folgenden Wortspeicher. Eine Abänderung der Wörter aus dem Wortspeicher ist nicht zulässig.

abwechselnden – darbieten – reichlichen – kaum – orientieren – vielfältigen – öffnen – versierte – verschiedenen – beweglich – gut verdienende – neue – opfern – deutlich – betriebsam – überall – hervorragend – unmittelbar – nachdrücklich – aktiv – vermitteln – verständlich – seltsamen – entwickeln – weitgehend – kaufen

Eine-Welt-Stationen an **(1)** mehrerlei Standorten in Bayern sind Anlaufstellen für Fragen rund um das Thema „Globales Lernen". Sie **(2)** liefern **(3)** fachgerechte Referenten und Bildungsmaterialien – nicht nur für Lehrkräfte.

Wie kann Schule globale Entwicklungen für Kinder und Jugendliche **(4)** verstehbar machen? Globales Lernen stellt hierfür ein **(5)** erheblich geeignetes Instrumentarium zur Verfügung. Junge Menschen lernen mit **(6)** verworrenen Entwicklungen umzugehen, die ihr Leben **(7)** ziemlich direkt beeinflussen. Zu Themen wie Spielzeug aus China, fairer Schokolade oder Wasserproblemen weltweit werden die Jugendlichen selbst **(8)** tätlich und **(9)** schaffen sich nebenbei Kompetenzen, um sich in der Weltgesellschaft **(10)** verorten und verantwortlich leben zu können.

Quelle: www.entwicklungsland-bayern.de/eine-welt-stationen (verändert)

▶ b) In welcher Wolke verbergen sich jeweils die Orte Bayreuth, Würzburg, München, Augsburg, Nürnberg und Aschaffenburg mit einer Eine-Welt-Station? Tragen Sie die Kennbuchstaben richtig in den Lösungsbogen ein. Mehrfache Buchstabennennung möglich.

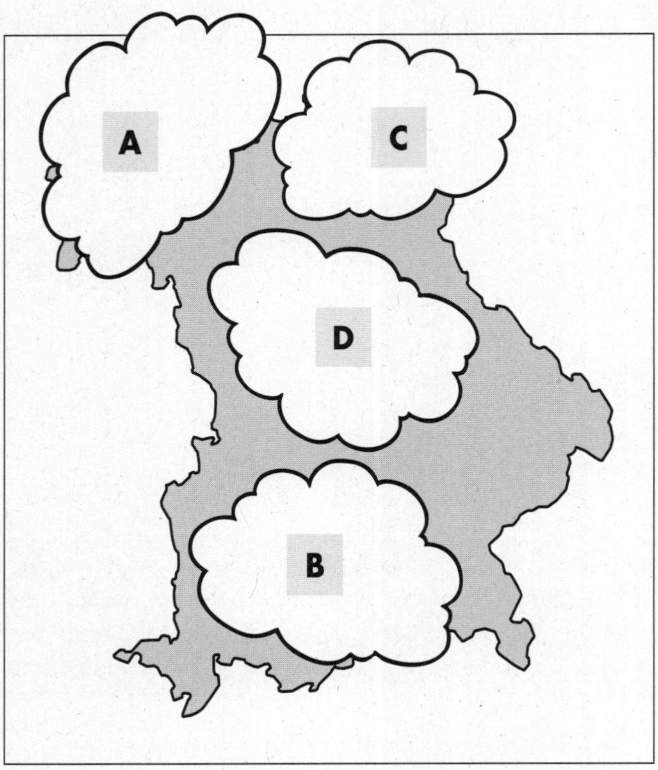

21 Eine-Welt-Stationen in Bayern

a) (1) **verschiedenen** (6) **vielfältigen**

(2) **vermitteln** (7) **unmittelbar**

(3) **versierte** (8) **aktiv**

(4) **verständlich** (9) **entwickeln**

(5) **hervorragend** (10) **orientieren** je 1 Punkt, insgesamt 10 Punkte 10 P.

b) Bayreuth **C** Würzburg **A** München **B**

Augsburg **B** Nürnberg **D** Aschaffenburg **A** je 1 Punkt, insgesamt 6 Punkte 6 P.

a) Auch bei eigenen Texten steht man immer wieder vor der Situation, sie sprachlich überarbeiten zu müssen. Bei dieser Aufgabe sind die sprachlichen Schwachpunkte gekennzeichnet und zudem Möglichkeiten für eine Verbesserung vorgegeben. Diese Vorschläge müssen nun in die vorgegebenen Sätze eingepasst werden. Wichtig ist, nach derselben Wortart zu suchen und darauf zu achten, dass der jeweilige Begriff sich auch grammatikalisch korrekt einfügen lässt. Bereits verwendete Wörter können aus Gründen der Übersichtlichkeit durchgestrichen werden.

b) Hier geht es darum, die größeren bayerischen Städte dem richtigen Teil Bayerns zuzuordnen. Fundiertes topografisches Orientierungswissen, das man sich mit gezielter Kartenarbeit aneignen kann, ist für Aufgaben dieser Art Voraussetzung und ein Muss für die Prüfungsvorbereitung.

22 Regionale Vermarktung

Sie helfen in Ihrem Familienbetrieb mit, die landwirtschaftlichen Erzeugnisse Eier, Brot, Fleisch, Obst und Gemüse zu vermarkten. Sie wollen für Ihre regionalen Produkte werben und die Bürger der nahen Stadt davon überzeugen, Produkte von Ihrem Bauernhof zu kaufen statt im Supermarkt.

▶ Stellen Sie hierzu **eine** Behauptung auf und begründen Sie diese ausführlich mit **einem** Beispiel.

22 Regionale Vermarktung

Inhalt:
Die Behauptung muss
- sich auf die vorgegebene Situation beziehen,
- eine stichhaltige Begründung, veranschaulicht durch ein Beispiel, liefern,
- logisch und folgerichtig sein.

Sprache:
- Satzbau weitgehend fehlerfrei
- Wortwahl abwechslungsreich
- Sprachniveau angemessen/situationsgerecht

Wenn **mehrere Argumente** ausgeführt werden, ist nur das erste Argument zu bewerten. Für zusätzliche Ausführungen ist ein **Punktabzug** von bis zu 2 Punkten vorzunehmen.

Bei einer **Themaverfehlung** ist die Aufgabe mit **0 Punkten** zu bewerten. Keine Punktvergabe auf Sprache/Rechtschreibung!

Inhalt: maximal 6 Punkte (Behauptung: 2 Punkte, Begründung und Beispiel: 4 Punkte)
Sprache und Rechtschreibung: maximal 2 Punkte

8 P.

In dieser Aufgabe wird ein Argument (nicht mehrere) verlangt, das sich aus der beschriebenen Situation ableitet. Dies bedeutet, dass zuerst eine Behauptung formuliert werden muss. Diese könnte zum Beispiel lauten: „Wenn Sie bei uns einkaufen, erhalten Sie frische Produkte." Am Beispiel eines Produkts (und möglicherweise einer exemplarischen Situation) kann nun ausgeführt werden, dass – im Gegensatz zu mancher Ware, die im Supermarkt angeboten wird – regionale Produkte nur einen kurzen Transportweg zurückzulegen haben und aus diesem Grund viel früher und dadurch frischer beim Verbraucher ankommen.

23 2011: Wahlen zu den Landesparlamenten

2011 finden bzw. fanden in sieben Ländern der Bundesrepublik Deutschland Wahlen zu den Landesparlamenten statt. Im ersten Halbjahr wurde in den Ländern Hamburg, Sachsen-Anhalt, Rheinland-Pfalz, Baden-Württemberg und Bremen gewählt. Im zweiten Halbjahr wird noch in Berlin und Mecklenburg-Vorpommern gewählt werden.

▶ Wo liegen die einzelnen Länder, in denen gewählt wurde bzw. wird, und in welcher Stadt hat das jeweilige Landesparlament seinen Sitz? Ergänzen Sie die Tabelle im Lösungsbogen um die Kennbuchstaben aus der Karte und die Städtenamen.

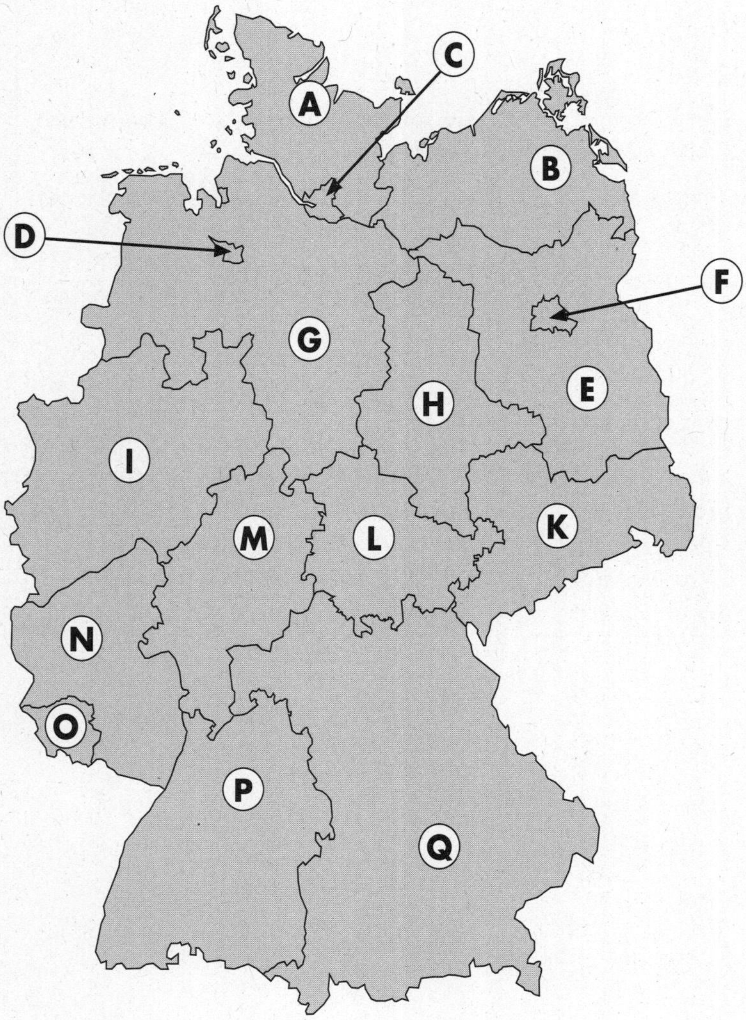

23 2011: Wahlen zu den Landesparlamenten

	Kennbuchstabe aus der Karte	Name der Stadt, in der das Landesparlament seinen Sitz hat
Baden-Württemberg	***P***	***Stuttgart***
Berlin	***F***	***Berlin***
Bremen	***D***	***Bremen***
Hamburg	***C***	***Hamburg***
Mecklenburg-Vorpommern	***B***	***Schwerin***
Rheinland-Pfalz	***N***	***Mainz***
Sachsen-Anhalt	***H***	***Magdeburg***

je 1 Punkt, insgesamt 14 Punkte 14 P.

Zur grundlegenden Vorbereitung auf die Auswahlprüfung gehört der Überblick über die politische Gliederung der verschiedenen Ebenen, z. B. Kommune, Land, Bund oder Europa – auch kartografisch. Ihre Verknüpfung mit aktuellen Ereignissen ist häufig Bestandteil von Prüfungsaufgaben.

Die Prüfungsaufgaben für das Einstellungsjahr 2013

Text 1 Dieser Text ist für die Bearbeitung der Aufgaben ab Nummer 1 notwendig.

Vergangenheit und Zukunft der Energie

Hätte der Mensch nicht gelernt, die Energie zu beherrschen, hätten wir uns niemals zu dem entwickelt, was wir heute sind. Zu allen Zeiten haben die Menschen verstanden, dass sie sich die Natur und deren Ressourcen nutzbar machen mussten. Die Beherrschung des Feuers war ein ausschlaggebendes Element in dieser Entwicklung, denn sie ermöglichte es den Menschen, sich zu wärmen, nachts Licht zu haben und somit unter besseren Bedingungen zu leben. Auch die Kunst, Nahrungsmittel zu kochen, war ein wichtiger Schritt. Man weiß heute nicht mehr, ob die Idee, gekochte Lebensmittel zu essen, dem Zufall entsprang. So wurde jedoch eine für die Gesundheit weniger gefährliche Ernährungsweise möglich, denn rohes Fleisch kann zahlreiche Keime enthalten. Andererseits ließen sich die Nahrungsmittel nun auch leichter kauen und verdauen. 1

Des Weiteren lernte der Mensch, sich die Energie gezähmter Tiere zu Nutze zu machen. Dies war sehr hilfreich, um auf den Feldern große Bodenflächen zu pflügen. Indem er Zugtiere vor Wagen spannte, konnte der Mensch die Körperkraft dieser Tiere nutzen, um schwere Lasten zu transportieren, wodurch Handel möglich wurde. 2

Der Mensch lernte auch, Wasser zu kanalisieren, um die Energie, welche dieses lieferte, zu nutzen. Im 1. Jahrhundert v. Chr. beschrieb der römische Architekt Vitruvius äußerst präzise die Funktion einer Wassermühle. Schließlich existierten Schöpfräder bereits im 2. Jahrtausend vor unserer Zeitrechnung. Ein Zahnradgetriebe, welches durch Wasserkraft in Bewegung gesetzt wurde, übertrug die Drehbewegung auf einen Mühlstein. Diese Systeme nutzten ebenfalls die Wasserenergie. Mit Wasser- und später auch Windmühlen konnten große Mengen Getreide gemahlen werden, um Grundnahrungsmittel wie Brot und Teigwaren herzustellen. 3

Die Entwicklung der Dampfmaschine Ende des 17. und im 18. Jahrhundert war ein wahrhaftiger Wendepunkt in der Geschichte der Menschheit, sie beeinflusste nicht nur die Technik der damaligen Zeit, sondern läutete ein neues Zeitalter ein: den Beginn der Industrialisierung. Zur Energiegewinnung wurden fossile Brennstoffe verwendet, z. B. Kohle, die in geologischer Vorzeit aus abgestorbenem Pflanzenmaterial entstanden waren. Die Energie aus der Kohle verwandelte aber auch Eisen in Stahl. Stahl wiederum ermöglichte den Bau von Wolkenkratzern und das Wachsen der Städte. 4

1938 gelang Otto Hahn und Fritz Straßmann der Nachweis der Spaltung des Uranatoms. Mitte der 1950er Jahre gab es erste Versuche, Kernenergie zivil zu nutzen. Im Juni 1961 wurde zum ersten Mal in der Bundesrepublik Deutschland mittels Kernenergie erzeugter Strom in das Verbundnetz eingespeist. In den folgenden Jahrzehnten bauten viele große Industriestaaten Kernkraftwerke, deren Leistung pro Reaktor schnell anwuchs. Energie wurde zu einem sehr wichtigen Wirtschaftsfaktor, denn ihre Beherrschung ermöglichte einen gigantischen Aufschwung der Ertragskraft. 5

Seit Beginn des industriellen Zeitalters hat die Menschheit einen Großteil der Wirtschaft auf der Nutzung fossiler Energieträger aufgebaut. Dabei wurden und werden weiterhin wertvolle Rohstoffe innerhalb eines kurzen Zeitraums unwiederbringlich verbrannt. Heute rechnet man damit, dass die bekannten Reserven bei Öl, Kohle und Gas in nicht allzu ferner Zeit zur Neige gehen werden. Auf die Atomenergie können wir wohl in Zukunft auch nicht setzen: Als Konsequenz aus den Ereignissen in Fukushima – im März 2011 beschädigte ein schweres Seebeben das dortige Kernkraftwerk – beschloss der Bundestag am 30. Juni 2011 den Ausstieg aus der Kernenergie bis spätestens 2022. 6

So wie es aussieht, stehen der Energieversorgung der Menschheit grundlegende Veränderungen bevor. Läuft unser MP3-Player in Zukunft mit Solarzellen? Fahren wir mit abgasfreien Elektrobussen zur Schule und fliegen – heute noch eine Vision – mit Flugzeugen in den Urlaub, die durch Wasserstoff angetrieben werden? Funktionieren Kühlschrank, Fernseher oder Föhn vielleicht irgendwann mit umweltfreundlichem Sonnenstrom, der in der Sahara erzeugt wird? 7

Beantworten kann man diese Fragen heute noch nicht – zumindest nicht ganz sicher. Aber eines steht schon jetzt fest: Die „Energie-Welt" der Zukunft wird wohl ganz anders aussehen als heute. Vor allem erneuerbare Energien werden wohl im Mittelpunkt stehen. Sie belasten nicht die Umwelt und sind unerschöpflich! So strahlt z. B. die Sonne in nur einer halben Stunde so viel Energie auf die Erde, wie die gesamte Menschheit in einem Jahr verbraucht. Natürlich kann man davon nur einen kleinen Teil umsetzen – aber trotzdem: Sonne und auch Wind, Wasserkraft und Biomasse könnten eines Tages die fossilen Energieträger wie Kohle und Öl, aber auch die Kernenergie ablösen. 8

Quelle: www.poweron.ch und www.dlr.de (verändert/ergänzt)

Text 2 Dieser Text ist für die Bearbeitung der Aufgaben Nummern 14 und 15 notwendig.

Vor- und Nachteile von Windenergie

2 a): Zeitungsausschnitt

Wind als Energiequelle

Wind ist ein billiger, massenhaft vorhandener, sauberer und erneuerbarer Rohstoff, der für die Zukunft immer mehr an Bedeutung gewinnt. Doch alles hat zwei Seiten, auch die Windenergie: Das sind die Nachteile und Vorteile.

Die Vorzüge der Nutzung von Windenergie, der klaren Nummer eins unter den erneuerbaren Energien, liegen eigentlich auf der Hand. Wind, ein Geschenk der Natur wie die Sonne, ist kostenlos, reichlich und dauerhaft zu haben. Für relativ rohstoffarme Länder wie Deutschland bedeutet das zusätzlichen Verzicht auf Importe.

Betrachtet man die Nachteile und Vorteile von Windenergie genauer, wird deutlich, dass keine Form der Energiegewinnung so wenig Platz benötigt. Die tatsächlich verbrauchte Fläche durch Windkraftanlagen ist minimal, die Investitionskosten amortisieren sich schnell.

Außerdem erfolgt kein Ausstoß von Schadstoffen wie Kohlendioxid, Stickoxid und Schwefeldioxid wie bei der konventionellen Stromerzeugung in Kraftwerken. Sehr geringe Emissionen an Gasen (wie Kohlendioxid) fallen lediglich bei der Herstellung, dem Aufbau und der Wartung von Windkraftanlagen an.

Und letztlich kann die Nutzung der Windenergie mit all ihren Nachteilen und Vorteilen zur Stromerzeugung noch sehr stark ausgebaut werden. Gerade bei der Errichtung von Off-Shore-Windparks auf dem Meer gibt es noch viele potenzielle Flächen, die genutzt werden können. Für die Herstellung, Wartung und Weiterentwicklung von Windkraftanlagen bedarf es vieler Arbeitskräfte. Neben Handwerkern, Ingenieuren und Kaufleuten sind auch Juristen in der Branche tätig. In Europa beschäftigt die Windindustrie derzeit rund 70.000 Menschen. Wird der Aufbau weiterer Anlagen so forciert wie bisher betrieben, werden noch viele weitere Arbeitsplätze in diesem Bereich entstehen.

2 b): Anzeige

Windenergie: Weniger Nachteile als Vorteile

Es ist sicherlich ein Nachteil des Windes, dass er keine zuverlässige Energiequelle darstellt. Er ist nicht immer am richtigen Ort in der richtigen Stärke vorhanden. Der Erfahrung nach bläst er relativ regelmäßig in Küstennähe und auf Bergen und genau dort ist es schwer, die Industrie anzusiedeln. Hohe Subventionen sind nötig, um genau dort die Ansiedlung von Windfarmen zu gewährleisten. Weil der Wind schließlich keine konstanten Mengen an Strom liefern kann, sind andere Energieproduzenten wie die Atom- oder Kohlekraftwerke nötig.

Außerdem: Wind lässt sich nicht speichern, also muss er direkt dort in transportfähigen elektrischen Strom umgewandelt werden, wo er aufkommt.

Gewaltige Windenergieanlagen werden heute als Versuchskraftwerke gebaut, doch trotz ihrer Größe können sie keine ganze Stadt mit Strom versorgen. Man bräuchte tausend dieser Anlagen, um die gleiche Leistung wie ein modernes Kraftwerk zu erzeugen. Aufgrund von lästigen Geräuschen durch die Windkraftanlagen sind Grenzwerte zu beachten und bestimmte Mindestabstände zu Wohnanlagen einzuhalten.

Doch insgesamt kann man sagen, dass es in Sachen Windenergie weniger Nachteile als Vorteile gibt. Auch wenn sich Landschafts- und Vogelschützer nach wie vor gegen die Errichtung von Windfarmen richten. Da allerdings in Zukunft verstärkt auf die Errichtung von Windparks auf See gesetzt wird, wird dieser Nachteil sicherlich bald weniger zur Geltung kommen.

Zitiert nach: http://www.welt.de/wirtschaft/energie/specials/wind/article8795070/Das-sind-die-Nachteile-und-Vorteile-von-Windenergie.htm

Vor der Beantwortung der nachfolgenden Fragen Nr. 1–4 lesen Sie bitte den Text „Vergangenheit und Zukunft der Energie" (Text 1 auf Seite 126) aufmerksam durch.

1 Inhalt des Textes

▶ Überprüfen Sie für jeden Textabschnitt, ob die vorgegebenen Behauptungen im Sinne des Textes eindeutig richtig sind, im Hinblick auf die Aussagen des Textes falsch sind oder dem Text nicht zu entnehmen sind. Geben Sie auf dem Lösungsbogen die jeweils richtige Antwort mit folgenden Kennbuchstaben an:

R = im Sinne des Textes eindeutig richtig

F = im Hinblick auf die Aussagen des Textes falsch

NE = dem Text nicht zu entnehmen

Abschnitt 1 (Zeile 1–9)

a) Rohe Kost ist gesünder und leichter verdaulich als gekochtes Essen.
b) Durch das Erhitzen der Speisen werden Krankheitserreger abgetötet, wodurch Lebensmittel weniger gesundheitsgefährdend sind.
c) Gekochtes kann im Körper leichter verdaut werden.

Abschnitt 2 (Zeile 10–13)

a) Es war sehr mühsam, Tiere zu zähmen.
b) Auch der Handel wurde durch die Nutzung von Zugtieren vorangebracht.
c) Der Einsatz von Nutztieren in der Landwirtschaft ermöglichte es, größere Flächen zu bearbeiten.

Abschnitt 3 (Zeile 14–20)

a) Schon sehr früh wurde Wasserenergie genutzt, um Mühlen zu betreiben.
b) Ohne diese Mühlen wäre es nicht möglich gewesen, größere Mengen Brot und Teigwaren herzustellen.
c) Die Kanalisation des Wassers bedurfte im alten Rom einer aufwändigen Architektur.

Abschnitt 4 (Zeile 21–26)

a) Die Industrialisierung im 17. und 18. Jahrhundert hatte die Erfindung der Dampfmaschine zur Folge.
b) Die Dampfmaschine wurde erstmals eingesetzt, um in einem Kohlebergwerk das Grundwasser abzupumpen.
c) Kohle entstand in geologischer Vorzeit aus organischen Stoffen.

Abschnitt 5 (Zeile 27–32)

a) Otto Hahn war ein Atomforscher, der gemeinsam mit einem Kollegen bewies, dass man Atome spalten kann.
b) Der Gefahr, die von der Atomspaltung ausging, war man sich zu wenig bewusst.
c) Damals war der spätere Ausstieg aus der Kernenergie nicht vorstellbar.

Abschnitt 6 (Zeile 33–39)

a) Nach dem Atomunfall in Fukushima wurde in Deutschland der Ausstieg aus der Kernenergie beschlossen.
b) Fossile Brennstoffe sind nicht erneuerbar und werden mit der Zeit aufgebraucht.
c) Öl, Kohle und Gas sind die Energieträger der Zukunft.

Abschnitt 7 (Zeile 40–44)

a) Möglicherweise sind Sonnenenergie und Wasserstoff die Energieträger der Zukunft.
b) Wir können heute schon mit wasserstoffbetriebenen Flugzeugen in die Ferien fliegen.
c) MP3-Player, die mit Solarzellen betrieben werden, sind in der Anschaffung relativ günstig.

Abschnitt 8 (Zeile 45–51)

a) Fossile Energieträger werden wahrscheinlich in der Zukunft eine immer größere Rolle spielen.
b) Sonne, Wind, Wasserkraft und Biomasse sind umweltfreundliche fossile Energieträger.
c) „Wüstenstrom" ist billiger als Atomstrom.

1 Inhalt des Textes

Tragen Sie für die Aussagen a), b) und c) zu den einzelnen Textabschnitten den jeweils zutreffenden Kennbuchstaben **R, F** oder **NE** ein:

	Abschnitt 1	Abschnitt 2	Abschnitt 3	Abschnitt 4
a)	F	NE	R	F
b)	R	R	F	NE
c)	R	R	NE	R

	Abschnitt 5	Abschnitt 6	Abschnitt 7	Abschnitt 8
a)	R	R	R	F
b)	NE	R	F	F
c)	NE	F	NE	NE

je 1 Punkt, insgesamt 24 Punkte 24 P.

Bei dieser Aufgabe geht es nicht darum, ob die zur Auswahl stehenden Aussagen für sich allein gesehen richtig oder falsch sind. Vielmehr muss überprüft werden, ob ihr Inhalt dem jeweiligen Textabschnitt zu entnehmen ist („im Sinne des Textes eindeutig richtig"), ob der Textabschnitt, bezogen auf den Text, falsch ist („im Hinblick auf die Aussagen des Textes falsch") oder ob die Thematik überhaupt nicht angesprochen wird („dem Text nicht zu entnehmen"). Diese Überprüfung ist für jede einzelne Aussage vorzunehmen, im Anschluss daran ist die zutreffende Antwort im Lösungsblatt anzukreuzen.

Fragestellung zu Textabschnitt 1 als Beispiel:

Aussage 1: Diese Aussage widerspricht dem Inhalt des Textes, denn in Z. 7 ff. wird darauf hingewiesen, dass z. B. rohes Fleisch Keime enthalten kann und Gekochtes leichter verdaulich ist.

Aussage 2: Der Inhalt dieser Aussage steht in den Zeilen 7/8.

Aussage 3: Auf diesen Sachverhalt wird in Zeile 9 hingewiesen.

2 Bedeutung von Fremdwörtern

▶ Tragen Sie zu den folgenden Fremdwörtern jeweils den Kennbuchstaben des Wortes in den Lösungsbogen ein, das dessen Sinn **im vorgegebenen Zusammenhang** (Text 1 auf Seite 126) am besten wiedergibt.

1. Ressourcen (Zeile 3)

- **A** Produktionsmittel
- **B** Rohstoffvorräte
- **C** Betriebsmittel
- **D** Erdölvorkommen

2. Funktion (Zeile 15)

- **A** Wirkungsweise
- **B** Wirkungsgrad
- **C** Sinn
- **D** Verbrauch

3. fossil (Zeile 24)

- **A** ursprünglich
- **B** urtümlich
- **C** urzeitlich
- **D** uralt

4. geologisch (Zeile 24)

- **A** frühgeschichtlich
- **B** erdverbunden
- **C** unterirdisch
- **D** erdgeschichtlich

5. zivil (Zeile 28)

- **A** ordentlich
- **B** bürgerlich
- **C** nicht militärisch
- **D** angemessen

6. gigantisch (Zeile 32)

- **A** zeitig
- **B** gefährlich
- **C** gewaltig
- **D** einflussreich

7. Konsequenz (Zeile 37)

- **A** Beharrlichkeit
- **B** Folge
- **C** Strafe
- **D** Beschluss

3 Gesamtaussagen des Textes

▶ a) Welche Absicht verfolgen die Autoren mit dem Text „Vergangenheit und Zukunft der Energie“? Kreuzen Sie die **drei** zutreffenden Kennzahlen im Lösungsbogen an.

Sie …

1 idealisieren.
2 leiten an.
3 berichten.
4 erzählen.
5 informieren.
6 regen zum Nachdenken an.
7 schildern.
8 unterhalten.
9 drohen.

▶ b) Folgende Überschriften gehören zu bestimmten Textabschnitten, die nicht unbedingt mit den Absätzen übereinstimmen müssen. Tragen Sie die Kennbuchstaben der nachfolgenden Überschriften in der Reihenfolge im Lösungsbogen ein, wie sie im Text behandelt werden.

- **A** Atomenergie in ihren Anfängen
- **B** Der frühe Mensch nutzt das Feuer
- **C** Die Zeit der Industrialisierung
- **D** Erneuerbare Energien sind die Zukunft
- **E** Getreidemühlen müssen angetrieben werden
- **F** Tiere arbeiten für den Menschen
- **G** Wende bei der Energienutzung

2 Bedeutung von Fremdwörtern

Zutreffende Kennbuchstaben:

1. Ressourcen	**B**	4. geologisch	**D**	7. Konsequenz	**B**
2. Funktion	**A**	5. zivil	**C**		
3. fossil	**C**	6. gigantisch	**C**		

je 1 Punkt, insgesamt 7 Punkte — 7 P.

Diese Aufgabe erfordert nicht nur ein „Übersetzen" des Fremdwortes in einen deutschen Begriff, sondern zusätzlich die Einbindung in den vorgegebenen Text: Es wird jeweils die Textstelle angegeben, an der das Fremdwort verwendet wird. Im Zweifelsfall kann durch Einsetzen der möglichen Alternativen in den Text (Frage: Ergibt der Satz dann einen Sinn?) im Ausschlussverfahren die richtige Antwort gefunden werden.

3 Gesamtaussagen des Textes

a) Kreuzen Sie an:

	1	2	3	4	5	6	7	8	9
zutreffende Kennzahlen			X		X	X			

je 1 Punkt, insgesamt 3 Punkte — 3 P.
Bei **mehr als drei** Kreuzen: 1 Punkt Abzug pro zusätzlichem Kreuz.
Wurden **mehr als fünf** Felder angekreuzt: 0 Punkte

b) Tragen Sie die Kennbuchstaben in der richtigen Reihenfolge ein:

1	2	3	4	5	6	7
B	**F**	**E**	**C**	**A**	**G**	**D**

je 1 Punkt für jeden Buchstaben im richtigen Feld, insgesamt 7 Punkte — 7 P.

a) Es sollten nur Kennziffern angekreuzt werden, bei denen man sich ganz sicher ist, um keinen Punktabzug zu riskieren.
Neben inhaltlichen Aspekten helfen auch der Sprachstil und die Wortwahl dabei, sich die Absicht des Verfassers zu erschließen. Der sachliche Stil und die jeweils mit Daten belegten Sachverhalte zeigen, dass der Verfasser über die geschichtliche Entwicklung der Energienutzung berichtet (3) und den Leser darüber informiert (5). Die in den Abschnitten 7 und 8 aufgeworfenen Fragen, die Zukunft der Energieversorgung betreffend, regen zum Nachdenken an (6).

b) Am sinnvollsten ist es, den Text abschnittweise durchzugehen und am Ende jedes Abschnitts zu überprüfen, ob eine der Überschriften dessen Inhalt treffend zusammenfasst.

4 Fortschritt und Rückschritt, Zivilisation und Barbarei im 20. Jahrhundert

Text 1 auf Seite 126 erwähnt in den Zeilen 27 mit 32 drei Jahre bzw. Zeiträume des 20. Jahrhunderts, in denen Bahnbrechendes auf dem Feld der Kernenergie und ihrer zivilen Nutzung geschah. Das Jahr 1938, die Zeit um 1955 (nachfolgend 1953 bis 1957) und das Jahr 1961. In den genannten Zeiten gab es Ereignisse, die die Zivilisation sowohl fördernd als auch zerstörend beeinflussten.

▶ Ordnen Sie im Lösungsbogen die Kennbuchstaben der nachfolgend aufgeführten Bild- und Textquellen durch Ankreuzen den jeweiligen Zeiten zu oder kennzeichnen Sie diese als nicht zu den Zeitdaten passend.

A

B

C

D

E

Der Judentempel niedergebrannt

In der Nacht zum Donnerstag gegen 2.10 Uhr wurde die Feuerwehr nach dem Zeughausplatz gerufen. Dort stellte sie fest, daß in der Synagoge ein Feuer ausgebrochen war, das in dem völlig ausgetrockneten Gestühl des Judentempels rasend um sich griff. Innerhalb kürzester Zeit stand die gesamte Synagoge in Flammen, so daß es den Feuerwehrmännern nicht mehr möglich war, in das Innere einzudringen.

Die Feuerwehr mußte sich darauf beschränken, die umliegenden Wohngebäude und die an den Tempel angrenzende Holzhandlung vor den Flammen zu schützen. Das Feuer hatte sich bald bis zur Kuppel hinaufgefressen und gegen 4 Uhr war die Synagoge ein riesiges Flammenmeer. Kurz darauf stürzte die Kuppel der Synagoge ein. Damit war die Hauptkraft der Flammen gebrochen.

[Übertragung]:

Der Judentempel niedergebrannt

In der Nacht zum Donnerstag gegen 2.10 Uhr wurde die Feuerwehr nach dem Zeughausplatz gerufen. Dort stellte sie fest, dass in der Synagoge ein Feuer ausgebrochen war, das in dem völlig ausgetrockneten Gestühl des Judentempels rasend um sich griff. Innerhalb kürzester Zeit stand die gesamte Synagoge in Flammen, sodass es den Feuerwehrmännern nicht mehr möglich war, in das Innere einzudringen.

Die Feuerwehr musste sich darauf beschränken, die umliegenden Wohngebäude und die an den Tempel grenzende Holzhandlung vor den Flammen zu schützen. Das Feuer hatte sich bald bis zur Kuppel hinaufgefressen und gegen 4 Uhr war die Synagoge ein riesiges Flammenmeer. Kurz darauf stürzte die Kuppel der Synagoge ein. Damit war die Hauptkraft der Flammen gebrochen.

F

G

Münchner Abkommen:
Die Vertreter der Unterzeichnerstaaten

4 Fortschritt und Rückschritt, Zivilisation und Barbarei im 20. Jahrhundert

Ordnen Sie zu:

Zeit/Kennbuchstabe	A	B	C	D	E	F	G
1938					X		X
1953–1957				X			
1961		X					
Nicht zu den Zeitdaten passend	X		X			X	

je 2 Punkte, insgesamt 14 Punkte
Kein Punkt für jede Spalte mit mehr als einem Kreuz. 14 P.

Das Zuordnen von schriftlichen und bildlichen Quellen zu Ereignissen oder Zeiten wird in der Auswahlprüfung häufiger verlangt. Im Lösungsbogen sind die Zeiten und die Kennbuchstaben der Quellen in einer Matrix aufgeführt. Durch Ankreuzen wird zugeordnet. Drei Jahre bzw. Zeiträume werden nachgefragt. Ebenfalls überprüft wird, welche Quellen hier nicht einzuordnen sind. Als Lösungsmethode wird empfohlen, erst die Zuordnungen zu fixieren, deren man sich aufgrund der Kenntnisse sicher ist. Dann gilt es im Plausibilitätsverfahren („Was ist triftig, was stimmig?) die Lösung zu vervollständigen. Mit 14 Punkten ist die Aufgabe gut gewichtet, sodass sich der Aufwand in der Tat auszahlen kann.

5 Als der Kalte Krieg drohte, ein heißer zu werden

▶ Entscheiden Sie, welche Begriffe aus der Auswahlliste jeweils in den Text passen, und tragen Sie den jeweiligen entsprechenden Kennbuchstaben in den Lösungsbogen ein.

Text:

Vor 50 Jahren drohte der Dritte Weltkrieg auszubrechen. Ursache war die Kubakrise. Die Auswertung geheimer Luftaufnahmen bewies, dass **(1)** in Kuba Abschussrampen für Mittelstreckenraketen mit Atomsprengköpfen errichtete. Bei einer Reichweite bis zu 1800 km hätten sie den gesamten Südosten der USA einschließlich der Hauptstadt treffen können. 13 Tage lang hielt die Welt den Atem an.

Viele Militärs forderten einen Luftangriff auf die Raketenstandorte. Doch der amerikanische Präsident wollte nicht schuld an einem Dritten Weltkrieg sein. Daher befahl er **(2)**, um die Errichtung der Raketenbasen zu stoppen. Erst am 22. Oktober setzte **(3)** in einer dramatischen Fernsehansprache die Weltöffentlichkeit von der Existenz der Raketen in Kenntnis.

Nur durch besonnenes Krisenmanagement der beteiligten Seiten wurde eine militärische Auseinandersetzung vermieden. 17 Jahre nach dem Ende **(4)** bewahrte das Nachgeben der Provokateure die Welt vor einem möglichen Inferno.

Auswahlliste:

(1) Nordkorea **A** – die Sowjetunion **B** – die Volksrepublik China **C** – der Iran **D**

(2) eine Seeblockade **A** – eine Invasion mit Elitetruppen **B** – einen Fallschirmjägereinsatz **C**

(3) Chruschtschow **A** – Churchill **B** – Kennedy **C** – Mao Tse Tung **D** – Obama **E**

(4) des Afghanistankonflikts **A** – des Zweiten Weltkriegs **B** – des Vietnamkriegs **C** – des Ersten Weltkriegs **D**

5 Als der Kalte Krieg drohte, ein heißer zu werden

Tragen Sie den jeweiligen Kennbuchstaben ein:

1	2	3	4
B	A	C	B

je 1 Punkt, insgesamt 4 Punkte 4 P.

Das zu Ziff. 4 Ausgeführte gilt auch hier, obgleich der Schwierigkeitsgrad wegen der begrenzten Auswahlmöglichkeiten etwas geringer ist. Zur Vorbereitung lohnt es – diese Aufgabenstellung beweist es – sich der runden Gedenkjahre historischer Ereignisse im Prüfungsjahr zu versichern.

6 Energie in der Diskussion

Neben den Themen 1 bis 7 finden sich jeweils Oberbegriffe für die Gliederung der Themen. Entscheiden Sie, ob das Thema jeweils richtig gegliedert ist. Das trifft zu, wenn Inhalt und Anzahl der Oberbegriffe korrekt sind.

Beispiel (Nr. 0) für eine richtige Gliederung:

Nr.	Thema	Oberbegriff(e) für die Gliederung
0	Die Nutzung der Atomenergie hat Vorteile, bringt aber auch Gefahren für den Menschen mit sich. Erörtern Sie.	I. Vorteile II. Gefahren

► Tragen Sie im Lösungsbogen für jedes Thema (Nrn. 1–7) ein „r" für richtig oder „f" für falsch ein.

Nr.	Thema	Oberbegriff(e) für die Gliederung
1	Die Nutzung erneuerbarer Energien rückt immer mehr in den Mittelpunkt. Was verspricht man sich davon und mit welchen Schwierigkeiten muss gerechnet werden?	I. Gründe II. Schwierigkeiten
2	Es wird sehr stark dafür geworben, als Eigenheimbesitzer die Sonnenenergie zu nutzen. Mit welchen Vor- und Nachteilen ist dabei zu rechnen?	I. Vorteile II. Nachteile III. Eigene Meinung
3	Politiker sprechen von der größten Energiekrise seit Menschengedenken. Womit ist dieses Phänomen zu erklären und wie kann die Krise bewältigt werden?	I. Ursachen II. Gegenmaßnahmen
4	Der hohe Energieverbrauch der westlichen Industrieländer stellt ein großes Problem für die Umwelt dar. Wie kann der Energieverbrauch sowohl von öffentlicher als auch von privater Seite her gedrosselt werden?	I. Öffentliche Probleme II. Private Probleme
5	Solaranlagen oder Biogasanlagen? Wägen Sie beide Möglichkeiten der alternativen Energiegewinnung gegeneinander ab und nehmen Sie Stellung dazu.	I. Möglichkeiten der Solaranlagen II. Möglichkeiten der Biogasanlagen
6	Der Atomausstieg ist beschlossene Sache. Wie stehen Sie dazu?	I. Vorteile II. Eigene Meinung
7	Ist der weitere Ausbau von Biogasanlagen sinnvoll?	I. Vorteile II. Nachteile III. Persönliche Stellungnahme

6 Energie in der Diskussion

Tragen Sie „r" für richtig oder „f" für falsch ein:

	0	1	2	3	4	5	6	7
richtig (r) oder falsch (f)	**r**	**f**	**f**	**r**	**f**	**f**	**f**	**r**

je 1 Punkt, insgesamt 7 Punkte 7 P.

In einem ersten Schritt müssen die Themen dahingehend untersucht werden, ob sie zwei- oder dreigliedrig sind. Als nächstes ist zu überprüfen, ob die – eher abstrakten – Oberbegriffe zum Inhalt des dazugehörigen Thementeils passen.

Thema 1 I.: falsch, denn es werden mögliche Vorteile erfragt; II.: richtig
Thema 2 I. und II.: richtig; III.: nicht gefragt
Thema 3 richtig
Thema 4 I. und II.: falsch, da nicht Probleme, sondern Möglichkeiten, den Energieverbrauch zu senken (Gegenmaßnahmen), thematisiert werden sollen
Thema 5 I. und II.: richtig, es fehlt jedoch die eigene Meinung (das Abwägen)
Thema 6 I.: richtig; II.: erst als III., denn vorher sollten die Nachteile erörtert werden
Thema 7 richtig, bei Entscheidungsfrage folgt der Aufbau der Gliederung dieser Dreiteilung

7 Deutschlands Energiemix

▶ Im Folgenden finden Sie sechs Aussagen, die sich auf die Infografik „Deutschlands Energiemix" beziehen. Kreuzen Sie die Kennbuchstaben der zutreffenden Aussagen in dem Lösungsbogen an.

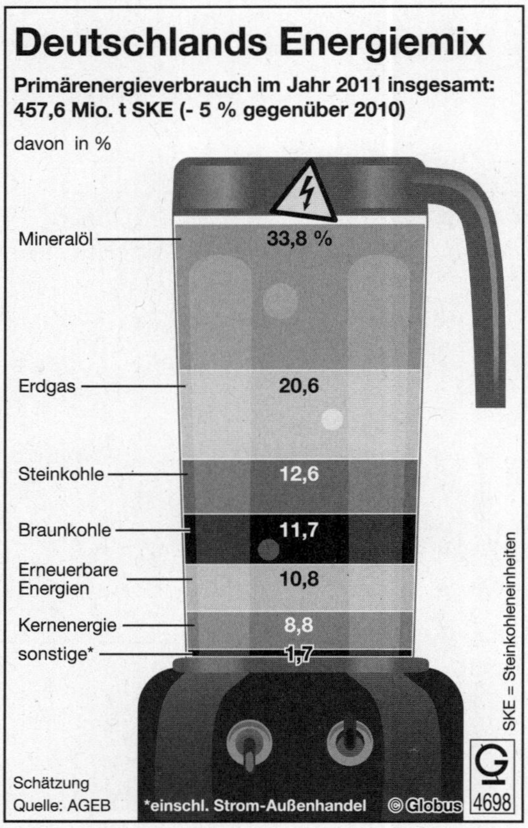

A	Fast ein Viertel der verbrauchten Primärenergie stammte im Jahr 2011 aus dem Kohlebergbau.
B	Der Anteil der verbrauchten Primärenergie aus erneuerbaren Energien lag über dem der Atomenergie.
C	Der Energieverbrauch hat gegenüber dem Vorjahr leicht abgenommen.
D	Die Kernenergie lieferte 2011 den kleinsten Anteil beim Verbrauch von Primärenergie.
E	Die Daten der Infografik stammen von Globus.
F	2011 betrug der Primärenergieverbrauch 457.600.000 kg Steinkohleeinheiten.

Allgemeine Lösungshinweise zur Auswertung der Infografiken
Beim Auswerten von Infografiken sind Wissen, Kombinationsgabe und Konzentration gefragt. Die hier geforderte Kompetenz umfasst die sorgfältige Analyse unterschiedlicher Diagramme im Zusammenhang mit vorgegebenen Aussagen bzw. Lückentexten. Solche Schaubilder bieten sowohl sprachliche als auch bildliche Informationen. Lesen Sie zunächst die Aufgabenstellung konzentriert durch.
*Nehmen Sie eine **schrittweise Analyse** der Infografik vor, bevor Sie sich den Aufgaben widmen:*

- *Achten Sie genau auf die Überschrift, ggf. Untertitel, Diagrammarten, Zeitangaben, Größenangaben, Quellen, bildliche Darstellungen usw.*
- *Sind in der Infografik die gleichen **Größenordnungen** angegeben wie in den Aussagen hierzu? Stellen Sie sicher, dass Sie derartige Zahlenangaben richtig auswerten. Wenn z. B. im Schaubild von „1 003 Millionen Euro" die Rede ist und in einer Aussage von „über 1 Milliarde Euro" – damit wird der gleiche Wert ausgedrückt.*
- *Achten Sie darauf, ob die Daten gesichert sind oder ob es sich um **Schätzungen** bzw. Prognosen handelt.*
- *Fallen Sie nicht darauf herein, wenn die **Einheiten** ausgetauscht werden – hier soll Ihr konzentriertes Lesevermögen getestet werden. Wenn z. B. im Schaubild von prozentualen Angaben die Rede ist, in einer Aussage dagegen von „Millionen Dollar", wurde bewusst die falsche Einheit gewählt.*
- *Stellen Sie sicher, dass Sie Prozentangaben und Brüche in ihrer Größenordnung **abschätzen** können. Es könnte sein, dass in der Infografik z. B. von 20 % der Bevölkerung die Rede ist, in einer Aussage hierzu aber von „jedem Fünften", was den gleichen Anteil darstellt.*
- *Übersehen Sie auch nicht das **Kleingedruckte**, das oftmals mit einem Sternchen versehen am Rand steht. Diese Informationen sind häufig wesentlich für die Bearbeitung der Aufgaben.*
- *Oftmals hilft es auch nach **„Signalwörtern"** zu suchen, wenn in den Aussagen z. B. ein bestimmtes Land oder eine bestimmte Zahl genannt werden.*
- *Stellen Sie sicher, dass Sie die unterschiedlichen **Diagrammarten** benennen können: Kreis-, Torten-, Linien-, Flächen, Balken-, Säulendiagramm etc.*
- *Achten Sie darauf, dass im Text der Aufgaben synonyme Begriffe zu denen in der Infografik verwendet werden könnten, z. B. Export statt Ausfuhr, Aufschwung statt Expansion.*
- *Unterscheiden Sie den **Herausgeber** der Infografik (häufig hinter dem ©-Zeichen angegeben) von der Datenquelle (häufig als **„Quelle"** bezeichnet).*
- *Streichen Sie im Aufgabengeheft entscheidende Zahlen, Fakten und Informationen an, die Ihnen beim Auswerten helfen könnten. Nur der Lösungsbogen wird zur Bewertung herangezogen.*

7 Deutschlands Energiemix

Kreuzen Sie an:	A	B	C	D	E	F		
zutreffende Aussagen	X	X	X				je 1 Punkt, insgesamt 3 Punkte Reihenfolge beliebig. Bei mehr als drei Nennungen: 1 Punkt Abzug pro zusätzlichem Eintrag.	3 P.

Zur Infografik der Aufgabe 7:
Bei dieser Infografik sollten Sie zunächst alle Angaben sowie die dazugehörigen Aussagen genau lesen und auswerten, bevor Sie entscheiden, welche Aussagen mit den Kennbuchstaben A bis F hier zutreffend sind. Nehmen Sie sich Zeit für die sorgfältige Analyse des Materials. Erschwert wird diese Aufgabe noch dadurch, dass hier nicht angegeben ist, wie viele dieser Aussagen zutreffen.
Das Balkendiagramm im Espresso- bzw. Wasserkocher (der den Energieverbrauch symbolisieren soll) gibt die Zahlenwerte an, die zu den Arten der verbrauchten Primärenergien im linken Bereich der Infografik gehören. Dabei ist zu beachten, dass die Informationen in Prozentzahlen angegeben sind, also keine absoluten Zahlenwerte darstellen; dies können Sie aber nur anhand der klein gedruckten Teilüberschrift „davon in %" sowie der obersten Zahlenangabe erkennen. Wichtig ist auch, dass mithilfe der Zahlen in der Grafik Veränderungen vom Jahr 2010 zum Jahr 2011 dargestellt werden. Verblüffend dürfte hierbei auch die Information sein, dass der gesamte Primärenergieverbrauch um 5 % abgenommen hat, aber dass bei den angegebenen Energieformen durchweg Zunahmen stattgefunden haben. Nun kann die Infografik mithilfe der Aussagen weiter „entschlüsselt" werden.

8 Pro und contra Kernenergie

Die Onlineausgabe der Tageszeitung „Handelsblatt" beschäftigte sich im März 2011 unter der Überschrift „Die zwei Gesichter der Kernkraft" (14. 03. 2011, 12:50 Uhr) mit der Kernkraftdebatte. Dabei wurden wichtige Argumente für und wider die Atomkraft dargestellt. Im Lösungsbogen finden Sie den Text in abgeänderter Form.

▶ In den beiden Textabschnitten sind sprachliche Fehler unterringelt. Tragen Sie zu jedem dieser markierten Fehler am Rand jeweils einen Verbesserungsvorschlag ein.

Tipps zu den einzelnen Aussagen im Text:
Für die erfolgreiche Bearbeitung der Aufgabenstellung sollten Sie nun zum einen falsche Aussagen aufspüren und durchstreichen, zum anderen richtige Aussagen abhaken. Auf dem Lösungsbogen sollen ja nur die richtigen Aussagen angekreuzt werden – es kann keine oder es können gar alle Aussagen richtig sein!

Beispiele:
A Der Kohlebergbau umfasst die Bereiche Steinkohle- und Braunkohleabbau, deshalb müssen deren Prozentsätze zusammengerechnet werden, was 24,3 % ergibt. In der Aussage wird nun kein Prozentsatz genannt, sondern „fast ein Viertel". Ein Viertel entspricht 25 % – diese Aussage ist also richtig.
D Diese Aussage scheint zunächst richtig zu sein, da die Kernenergie mit dem geringsten Verbrauchsanteil von 8,8 % angegeben ist. Allerdings steht darunter „sonstige" mit 1,7 %; also gibt es noch weitere Energieformen, die hier nicht aufgezählt werden, aber dennoch zum Primärenergieverbrauch zählen. Deshalb ist diese Aussage falsch.

8 Pro und contra Kernenergie

Text	Verbesserungsvorschlag
Die Atomlobby hat in den vergangenen Jahren auf einen besonderen Aspekt der Kernenergie hingewiesen: den Klimaschutz. Nicht nur Wind- und Solaranlagen machen	z. B. **produzieren/erzeugen**
CO_2-frei Strom, sondern auch Kernkraftwerke. Die Argumentation der Leute für Atomkraft: Gehen Kernkraftwerke	z. B. **Atomkraftbefürworter**
vom Netz, müssen schmutzige Kohlekraftwerke länger an sein. Die deutschen Kernkraftwerke würden der	z. B. **laufen/betrieben werden**
Umwelt deshalb rund 150 Millionen Tonnen CO_2 jährlich ersparen. Weltweit sind es sogar 2,5 Milliarden Tonnen CO_2, die dadurch vermieden werden können.	
Wie es die Internationale Energieagentur (IEA) ansieht, lassen sich die Klimaschutzziele ohne die Kernenergie	z. B. **Nach Ansicht/Meinung der IEA**
nicht finden. Bei der Stromerzeugung in Kernkraftwerken fällt aber auch hochradioaktiver Abfall an, für den es bis heute weltweit noch keine Lösung für	z. B. **erreichen/durchsetzen**
einen endgültigen Platz zum Wegsperren gibt, denn	z. B. **ein Endlager** (nicht: **Endlösung**)
die Anforderungen sind krass. Bislang wird deshalb der Atommüll nur zwischengelagert.	z. B. **hoch/enorm**

je 1 Punkt, insgesamt 7 Punkte — 7 P.

Texte zu korrigieren ist eine Aufgabenstellung, die uns im Alltag regelmäßig begegnet. Gefragt ist konzentriertes, genaues, möglicherweise wiederholtes Lesen. Dieses kann immer wieder an selbst formulierten Texten trainiert werden.
In dieser Aufgabe sind die Textstellen, die verbessert werden sollen, bereits gekennzeichnet. Es geht darum, bessere und stilistisch korrekte Formulierungen zu finden. Z. B. sollten in einem sachlichen Text keine umgangssprachlichen Ausdrücke enthalten sein (hier: „krass").

9 Texte verbessern

▶ a) Formulieren Sie jeden der folgenden Sätze in ein Satzgefüge um. Ergänzen Sie dazu die Hauptsätze im Lösungsbogen durch einen korrekten, sinngleichen Nebensatz, den Sie aus dem unterstrichenen Teil des jeweiligen Satzes bilden.

1. Wegen des schrecklichen atomaren Unfalls in Japan wurde der Atomausstieg in Deutschland vorangetrieben.
2. Die Zukunft der Energieversorgung liegt in der Nutzung verschiedener erneuerbarer Energiequellen.
3. Es ist wichtig die Vor- und Nachteile der Windenergie zu bedenken.
4. Man sollte versuchen den CO_2-Ausstoß auf der Erde durch die Nutzung umweltfreundlicher Energien zu drosseln.
5. Viele Länder der Dritten Welt haben noch kein zukunftsweisendes Energiekonzept.

9 Texte verbessern

a) 1. Der Atomausstieg in Deutschland wurde vorangetrieben,
weil/da sich in Japan der schreckliche atomare Unfall ereignete (o. Ä.)**.**

2. Die Zukunft der Energieversorgung liegt darin,
dass verschiedene erneuerbare Energiequellen genutzt werden (o. Ä.)**.**

3. Es ist wichtig zu bedenken,
welche Vor- und Nachteile die Windenergie hat/dass die Windenergie Vor- und Nachteile hat (o. Ä.)**.**

4. Man sollte versuchen den CO_2-Ausstoß auf der Erde zu drosseln,
indem man umweltfreundliche Energien nutzt (o. Ä.)**.**

5. Viele Länder,
die zur Dritten Welt gehören (o. Ä.)**,**
haben noch kein zukunftsweisendes Energiekonzept.

je 1 Punkt, insgesamt 5 Punkte — 5 P.
Punktvergabe nur, wenn die **Art** des gebildeten Nebensatzes korrekt ist.

a) Aus den unterstrichenen Formulierungen muss ein Nebensatz gebildet werden. Dieser wird in der Regel durch eine Konjunktion (ein Bindewort) – je nach Sinnzusammenhang z. B. weil, obwohl, dass, nachdem – oder durch ein Relativpronomen eingeleitet. Die gebeugte Form des Verbs steht am Ende des Nebensatzes. Die Zeitstufe wird nicht verändert. Bei den vorgegebenen fünf Sätzen bildet der Nebensatz immer den zweiten Teil des neu entstandenen Satzgefüges. Achtung: Es sind vollständige Nebensätze gefragt und keine verkürzten (z. B. mit „um zu“)!

Erläuterung zu Satz 1:
Bereits von der Präposition/dem Verhältniswort „wegen“ lässt sich ableiten, dass es um einen Begründungszusammenhang geht, dass der atomare Unfall in Japan also der Grund für den beschleunigten Atomausstieg in Deutschland war. D. h. der Nebensatz muss mit einer begründenden Konjunktion, z. B. „weil“, „da“, beginnen, und dann bleibt nur noch, ein passendes Verb zu finden und den Nebensatz zu formulieren.

▶ b) Ergänzen Sie in dem im Lösungsbogen abgedruckten Text die fehlenden Kommas.

b) Landwirte erzeugen Energie, indem sie sie auf dem Acker anbauen. Erneuerbare Energien, Rohstoffe, die einfach nachwachsen, schadstofffreie Energien oder positive Energiebilanz, alle diese Schlagworte gewinnen immer mehr an Bedeutung in Deutschland, aber auch in Europa und auf der ganzen Welt. Die Frage, ob der Klimawandel vom Menschen mit verursacht wird, ist hinlänglich geklärt. Heutzutage muss man nur noch darüber nachgrübeln, wie hoch der Temperaturanstieg auf der Erde sein wird, aber natürlich auch, wie man gegensteuern kann. Nicht nur die Suche nach wirtschaftlichen Alternativen zu den zunehmend teurer werdenden fossilen Energieträgern, sondern auch die Loslösung von der immer stärker werdenden Importabhängigkeit unseres Landes wird uns noch eine Zeit lang beschäftigen.

Beispiele für Punkteberechnung:

Beispiel 1		**Beispiel 2**	
Kommas gesetzt	12	Kommas gesetzt	14
zutreffend	10	zutreffend	12
Punktabzug	0	Punktabzug	2
Endpunkte	10	Endpunkte	10

je 1 Punkt, insgesamt 12 Punkte
Bei **mehr als zwölf Kommas:**
1 Punkt Abzug pro **überzähligem** Komma.
Niedrigster Endpunktwert ist 0

12 P.

b) Hier hilft es, jeden Satz in Ruhe einzeln zu betrachten, seinen Sinn zu erfassen und seinen Aufbau zu untersuchen (z. B. Satzgefüge/Satzreihe, verkürzter Nebensatz, Aufzählung, Einschub [Apposition]).
Die Zahl der einzusetzenden Kommas ist vorgegeben. Es empfiehlt sich, nur die Kommas zu setzen, bei denen man sich sicher ist, und auf keinen Fall die genannte Anzahl zu überschreiten, da dies Punktabzug zur Folge hat.

▶ c) Verbessern Sie in dem im Lösungsbogen abgedruckten Text die achtzehn Rechtschreib- bzw. Grammatikfehler. Streichen Sie die fehlerhaften Wörter durch und berichtigen Sie diese, indem Sie die Wörter (komplett!) in der korrekten Schreibweise darüber schreiben. Ein Beispiel ist vorgegeben.

unerschöpfliche

c) **Saubere, ~~Unerschöpfliche~~ Energie, ein erfüllbarer Traum?**

dass ***wahr*** ***riesigen***

Es könnte sein, ~~das~~ dieser Traum in absehbarer Zeit ~~Wahr~~ wird: Kraftwerke, die aus ~~rießigen~~ Parabol-

könnten

spiegeln bestehen und in den Wüsten rund um das Mittelmeer errichtet werden sollen, ~~könnte~~ bewir-

endlich

ken, dass Europa ~~entlich~~ von Kohle, Gas und Atomkraft loskommt.

War das Öl einst bekannt als schwarzes Gold, so könnte das Motto des 21. Jahrhunderts lauten:

oben

„Das beste Gold kommt von ~~Oben~~, von der Sonne!" Gerhard Knies, der Sprecher der TREC, eines

Politikern

Netzwerks von Wissenschaftlern und ~~Politiker~~ verschiedener Länder, die sich vorgenommen haben,

Europas Energieproblem zu lösen, bezeichnete die Sonne kürzlich gegenüber der Zeitschrift

Reserve ***Ostens***

SPIEGEL als „stille ~~Reserfe~~" Nordafrikas und des Nahen ~~Osten~~.

zu lösen

Mit Strom aus der Wüste könnte es bald möglich sein, die Energieprobleme ~~lösen~~. Viele Wissen-

Vision ***etliche***

schaftler halten diese ~~Vission~~ für umsetzbar. Es gilt allerdings noch ~~ettliche~~ technische Aufgaben

bewältigen

zu ~~beweltigen~~. Die Umwandlung der Sonnenstrahlen in Energie und die Verteilung sind Probleme,

Kürze ***Faszinierend***

die man in ~~kürze~~ in Angriff nehmen muss. ~~Faszinieren~~ ist die gewaltige Energiedichte, die uns der

beschert ***großen***

Sonnenschein ~~beschehrt~~. Außerdem ist die Sonne auf unermesslich ~~große~~ Flächen auf der Erde ver-

fügbar. Wenn es gelingt, nur einen kleinen Bruchteil der ungenutzten Sonnenenergie in Strom zu ver-

Energieprobleme

wandeln und an die Verbraucher zu verteilen, kommen wir mit der Lösung unserer ~~Energie Probleme~~

gut voran.

je 1 Punkt, insgesamt 18 Punkte
Keine Punktvergabe, wenn nicht das ganze Wort korrekt darüber geschrieben wurde.
Bei **mehr als 18 Änderungen:** 1 Punkt Abzug pro **überzähliger** Änderung.
Niedrigster Endpunktwert ist 0

18 P.

c) Auch hier kann an der Punktezahl abgelesen werden, wie viele Fehler zu finden sind. Es wird empfohlen, zuerst die sicher erkannten falschen Stellen zu korrigieren und sich dann erst mit den Zweifelsfällen zu beschäftigen. Zu viele „Korrekturen" führen zu Punktabzug, ebenso das Korrigieren einzelner Buchstaben (und nicht des ganzen Wortes). Zudem sollte auf eindeutige und leserliche Schreibweise (insbesondere groß – klein) geachtet werden.
Die Rechtschreibfehler in einem Text können unterschiedlicher Natur sein: Tippfehler, wie z. B. das Vertauschen, Auslassen oder Verdoppeln einzelner Buchstaben, oder Fehler, die auf mangelnde Kenntnisse der Regeln der deutschen Rechtschreibung zurückzuführen sind, wie z. B. im Bereich der Groß- und Kleinschreibung, der Zusammen- und Getrenntschreibung, der Schreibung (und Herleitung) von Fremdwörtern, der Unterscheidung der „S"- und anderer Laute (d – t, ä – e, i – ie – ieh, f – v, usw.). Gefragt sind nur nach der „neuen" deutschen Rechtschreibung eindeutige Fälle.
Grammatikfehler treten beispielsweise bei der falschen Verwendung der Fälle (z. B. beim letzten Wort im 2. Absatz fehlte das Genitiv-S) oder von Einzahl/Mehrzahl auf (z. B. in der 2. Textzeile ist „könnte" falsch, da das Subjekt „Kraftwerke" im Plural steht; also muss das Prädikat auch in der Mehrzahl stehen).

10 Erneuerbare Energiequellen

▶ Im Rahmen einer Fernsehreportage wurden unten stehende Statements zum Thema „Nutzung erneuerbarer Energiequellen" abgegeben. Sie sollen diese für eine Fachzeitschrift in der indirekten Rede wiedergeben. Setzen Sie dazu die Verbformen und die Pronomen im Lösungsbogen in der grammatisch korrekten Form in die Lücken ein. (Hinweis: Eine Umschreibung mit „würde" ist nicht zulässig.)

Wörtlich sagte der Besitzer eines Eigenheims, der eine Photovoltaikanlage erworben hat:

„Sinkende Preise und günstige Finanzierungen machen meine Anlage lohnenswert. Für jede Kilowattstunde, die ich einspeise, bekomme ich eine Vergütung. Außerdem profitiere ich davon, dass die Anlagen momentan wenig kosten."

Ein junger Architekt, der Windkraft beim Entwurf einer Wohnanlage mit vielen Einfamilieneinheiten nutzen wollte, erklärte wörtlich:

„Die Aufstellung eines kleinen Windkraftwerkes mitten im Wohngebiet ist aufgrund der meteorologischen Bedingungen vor Ort beinahe unmöglich. Es kommt dadurch häufig zu Störungen. Ein Windrad vor Ort soll die herrschende Windenergie auffangen und umwandeln."

10 Erneuerbare Energiequellen

Indirekte Rede:

Der Eigenheimbesitzer sagte, dass sinkende Preise und günstige Finanzierungen **seine** Anlage lohnenswert **machten**. Für jede Kilowattstunde, die **er** **einspeise**, **bekomme** **er** eine Vergütung. Außerdem **profitiere** **er** davon, dass die Anlagen momentan wenig **kosteten**.

Die Aufstellung eines kleinen Windkraftwerkes mitten im Wohngebiet **sei** aufgrund der meteorologischen Bedingungen vor Ort beinahe unmöglich. Es **komme** dadurch häufig zu Störungen. Ein Windrad vor Ort **solle** die herrschende Windenergie auffangen und umwandeln.

je 1 Punkt, insgesamt 12 Punkte 12 P.

Da in dem Artikel die Statements nicht wörtlich wiedergegeben werden sollen und deshalb keine wörtliche (= direkte) Rede verwendet werden darf, müssen die Aussagen in die indirekte Rede umformuliert werden. Dabei ist zu beachten, dass sich die ***Verbform*** *vom Indikativ (Wirklichkeitsform) zum Konjunktiv (Möglichkeitsform) verändert. Diese darf <u>nicht</u> mit „würde" umschrieben werden, obwohl dies möglich wäre. Die Zeitstufe muss gleich bleiben. Wenn der Konjunktiv I nicht vom Indikativ zu unterscheiden ist, wird der Konjunktiv II verwendet. Auch die Pronomen der 1. und 2. Person (ich/mein…, du/dein…, wir/unser…, ihr/euer…) müssen entsprechend angepasst werden.*

Zu den Formulierungen in den Lücken:

- *seine > Änderung des Pronomens von der 1. zur 3. Person*
- *machten > Konjunktiv II; der Konjunktiv I heißt/lautet wie der Indikativ „machen"*
- *er > Änderung des Pronomens von der 1. zur 3. Person*
- *einspeise > Konjunktiv I*
- *bekomme > Konjunktiv I*
- *er > Änderung des Pronomens von der 1. zur 3. Person*
- *profitiere > Konjunktiv I*
- *er > Änderung des Pronomens von der 1. zur 3. Person*
- *kosteten > Konjunktiv II; der Konjunktiv I heißt/lautet wie der Indikativ „kosten"*
- *sei > Konjunktiv I*
- *komme > Konjunktiv I*
- *solle > Konjunktiv I*

11 Zukunft der erneuerbaren Energien

▶ Zur folgenden Infografik „Zukunft der erneuerbaren Energien" liegt Ihnen der unten stehende Lückentext vor. Tragen Sie für die Textlücken 1 bis 5 die jeweils zutreffende Information aus der Infografik in den Lösungsbogen ein.

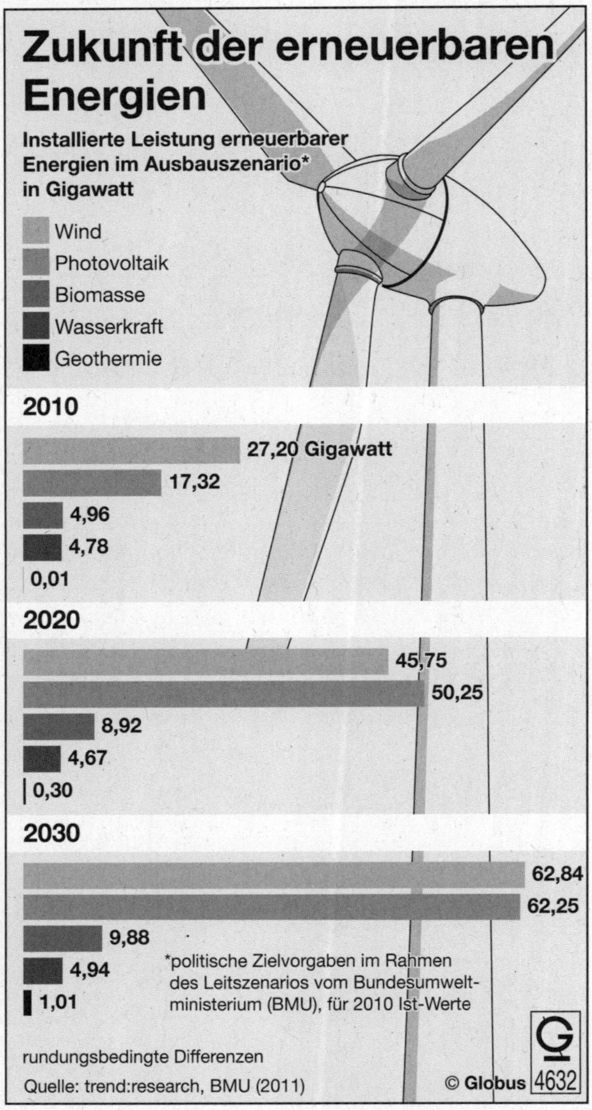

Das Bundesumweltministerium (BMU) hat aufgrund von Ist-Werten aus dem Jahr **(1)** politische Zielvorgaben im Rahmen eines **(2)** für die erneuerbaren Energien festgelegt. Demnach soll der Bereich der **(3)** am stärksten ausgebaut werden, bis 2030 auf mehr als das Dreifache der derzeitigen Leistung. Im Jahr 2010 lag noch die installierte Leistung der Energiequelle **(4)** am höchsten. Kaum verändern wird sich in den nächsten 20 Jahren die Leistung aus der Energiequelle **(5)**.

11 Zukunft der erneuerbaren Energien

(1) **2010**

(2) **Leitszenarios**

(3) **Photovoltaik**

(4) **Wind**

(5) **Wasserkraft**

je 1 Punkt, insgesamt 5 Punkte — 5 P.

Bei dieser Infografik sind mit Balkendiagrammen Zahlenwerte für die Jahre 2010, 2020 und 2030 angegeben; das Sternchen bei der Teilüberschrift oben verweist auf einen Zusatz im unteren Bereich der Grafik, nämlich dass es sich hier um Zielvorgaben handelt. Wenn Sie die Infografik genauer analysieren, stellen Sie fest, dass es sich hier um absolute Zahlenwerte mit der Maßeinheit Gigawatt handelt. Anhand der unterschiedlichen Grauwerte werden die Zielvorgaben für die Leistungen der jeweiligen erneuerbaren Energiequelle im Zehnjahresabstand dargestellt. Schnell erfasst man, dass die ersten beiden Energien (Wind und Photovoltaik) die größten Zunahmen erreichen sollen.

Nun gilt es den Lückentext mehrmals und genau durchzulesen, um die jeweiligen Jahresangaben sowie die Zusammenhänge zu erfassen. In die Lücken sollen gemäß der Angabe ja Informationen aus der Infografik eingesetzt werden – zusätzliches Wissen zählt hier nicht. Zu den einzelnen Lücken:

(1) Ist-Werte gibt es nur aus dem Jahr 2010, da die beiden anderen Jahresangaben sich ja auf Prognosen bzw. Planungen beziehen.

(2) Die politischen Zielvorgaben wurden im Rahmen eines „Leitszenarios" festgelegt; diesen Begriff findet man im Text nach dem mit einem Sternchen gekennzeichneten Zusatz im unteren Teil der Grafik.

(3) Wenn man beurteilen soll, welcher Bereich der erneuerbaren Energien am stärksten ausgebaut werden soll, muss man die Anfangs- und Schlusswerte miteinander vergleichen. Hier stellt man fest, dass sich die Gigawatt-Leistung aus der Windenergie mehr als verdoppeln wird und die Leistung aus der Photovoltaik (Solarenergie) von 17,32 auf 62,25 Gigawatt mehr als verdreifachen wird. Da hier bei der Stärke des Ausbaus auf „das Dreifache der derzeitigen Leistung" verwiesen wird und nicht nach der stärksten Zunahme gefragt wird, ist auch nach der Auswertung der drei anderen Energieformen „Photovoltaik" die richtige Antwort.

(4) Hier muss man nur das Balkendiagramm von 2010 auswerten – die Energiequelle „Wind" ist hier die richtige Antwort.

(5) Während sich alle vier anderen Energieformen in den nächsten 20 Jahren mindestens verdoppeln sollen, bleibt die mit „Wasserkraft" erzielte Leistung mit Werten von 4,78, 4,67 und 4,94 Gigawatt weitgehend auf dem gleichen Niveau.

12 Die deutschen Atomkraftwerke

Die folgende Grafik informiert über die Atomkraftwerke (AKW) Deutschlands im Mai 2011 inklusive der vier bayerischen Standorte Gundremmingen, Ohu (Isar 1/2), Grafenrheinfeld und des bereits zurückgebauten Standorts Kahl.

▶ Kreuzen Sie im Lösungsbogen den Kennbuchstaben der jeweils zutreffenden Aussage an.

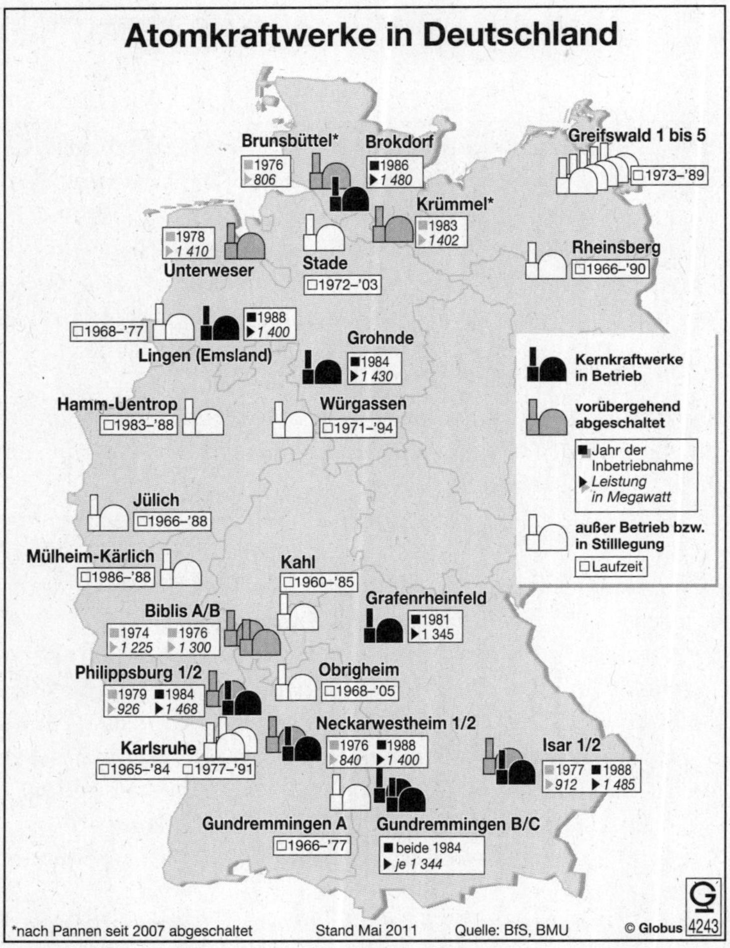

1	**a)** In Bayern befinden sich zwei Kernkraftwerke in Betrieb. **b)** In Bayern befinden sich drei Kernkraftwerke in Betrieb. **c)** In Bayern befinden sich vier Kernkraftwerke in Betrieb.
2	**a)** Das älteste bayerische Kernkraftwerk, das in Betrieb ist, stammt aus dem Jahr 1984. **b)** Das älteste bayerische Kernkraftwerk, das in Betrieb ist, stammt aus dem Jahr 1988. **c)** Das älteste bayerische Kernkraftwerk, das in Betrieb ist, stammt aus dem Jahr 1981.
3	**a)** Die größte Leistung in Megawatt bringt derzeit Isar 2. **b)** Die größte Leistung in Megawatt bringt derzeit Gundremmingen B. **c)** Die größte Leistung in Megawatt bringt derzeit Grafenrheinfeld.
4	**a)** Die bayerischen Kernkraftwerke erzeugen derzeit ca. 4.100 Megawatt. **b)** Die bayerischen Kernkraftwerke erzeugen derzeit ca. 5.500 Megawatt. **c)** Die bayerischen Kernkraftwerke erzeugen derzeit ca. 6.000 Megawatt.

12 Die deutschen Atomkraftwerke

Kreuzen Sie die Kennbuchstaben der richtigen Aussagen an:

1	2	3	4
a) ☐	a) ☐	a) X	a) ☐
b) ☐	b) ☐	b) ☐	b) X
c) X	c) X	c) ☐	c) ☐

je 1 Punkt, insgesamt 4 Punkte
1 Punkt Abzug bei mehr als einem Kreuz pro Kennziffer. 4 P.

Diese Infografik enthält unzählige Informationen: Kernkraftwerke, die in drei verschiedenen Graustufen abgebildet sind, wobei die Legende verrät, dass diese den Betriebsstatus anzeigen. Die unterschiedlichen Zahlen stehen für das Jahr der Inbetriebnahme sowie für die Leistung in Megawatt. Bei stillgelegten Kernkraftwerken stehen sie für die Betriebsdauer bzw. Laufzeit. Der Infotext weist auf die vier bayerischen Standorte hin.

1 *Die drei Aussagen unterscheiden sich nur in der Anzahl der bayerischen Kernkraftwerke, wobei die Einschränkung „in Betrieb" beachtet werden muss. Es sind an nunmehr drei bayerischen Standorten vier Kernkraftwerke in Betrieb (schwarze Einfärbung): In Gundremmingen gibt es zwei Kernkraftwerke B und C in Betrieb, A wurde stillgelegt. Am Standort Ohu gibt es zwar Isar 1 und Isar 2, aber Isar 1 wurde vorübergehend abgeschaltet. Das fünfte Kernkraftwerk am Standort Kahl wurde bereits zurückgebaut. Also ist c die richtige Antwort.*

2 *Hier wird nach dem ältesten bayerischen Kernkraftwerk, das noch in Betrieb ist, gefragt. Die Jahreszahl nach dem schwarzen Quadrat (■) gibt das Jahr der Inbetriebnahme an. Bei den vier Kernkraftwerken, die derzeit in Betrieb sind, ist Grafenrheinfeld bei Würzburg schon 1981 in Betrieb genommen worden, die anderen drei erst 1984 bzw. 1988. Damit ist c die richtige Antwort.*

3 *Die Leistung in Megawatt ist nach dem Pfeil bzw. Dreieck (▶) bei jedem derzeit betriebenen Kernkraftwerk angegeben. Hier bringen die beiden Anlagen in Gundremmingen je 1.344 Megawatt, die in Grafenrheinfeld 1.345 Megawatt und Isar 2 in Ohu 1.485 Megawatt. Damit ist Antwort a richtig.*

4 *Wenn Sie nun noch die Megawattwerte aus den soeben gemachten Angaben zusammenrechnen, erhalten Sie einen Wert von ca. 5.500 Megawatt für alle vier Kernkraftwerke. Also ist Antwort b hier richtig.*

13 Nutzung erneuerbarer Energien: Vorteile und Probleme

Zum Thema **„Vorteile der Nutzung erneuerbarer Energiequellen"** liegen Ihnen eine Stoffsammlung mit sechs Stichpunkten und eine Auflistung von acht möglichen Oberbegriffen vor.

▶ Alle Stichpunkte der Stoffsammlung sollen mithilfe von drei Oberbegriffen gegliedert werden. Tragen Sie die Kennbuchstaben der drei passenden Oberbegriffe in die Tabelle im Lösungsbogen ein und ordnen Sie diesen die Nummern der dazugehörigen Stichpunkte aus der Stoffsammlung zu. Achtung: Kein Stichpunkt darf zweimal zugeordnet werden.

Stoffsammlung:

1	Billige oder kostenlose Rohstoffe
2	Unerschöpfliche Ressourcen ohne Raubbau
3	Erhaltung der Rohstoffe der Erde
4	Keine gesundheitsschädlichen Abfallprodukte
5	Schaffung neuer Arbeitsplätze
6	Kein Krankheitsrisiko durch Strahlenbelastung

Oberbegriffe:

A	Umwelt- und Nachhaltigkeitsaspekte
B	Entsorgungsaspekte
C	Energiesparaspekte
D	Wirtschaftliche Aspekte
E	Finanzielle Aspekte
F	Arbeitsmarktpolitische Aspekte
G	Gesundheitsaspekte
H	Technische Aspekte

13 Nutzung erneuerbarer Energien: Vorteile und Probleme

Kennbuchstaben der Oberbegriffe	Nummern der Stichpunkte
A	**2, 3**
D	**1, 5**
G	**4, 6**

je 1 Punkt, insgesamt 9 Punkte
Reihenfolge beliebig
Punktabzug, wenn eine **Ziffer oder ein Buchstabe mehrfach** eingetragen wird.

9 P.

Laut Aufgabenstellung erfüllen drei der acht vorgegebenen Oberbegriffe offenbar die Vorgabe, dass ihnen die Stichpunkte der Stoffsammlung so zugeordnet werden können, dass kein Stichpunkt übrig bleibt und keiner doppelt verwendet wird (Achtung: sonst Punktabzug). Da sechs Stichpunkte zur Auswahl stehen, bedeutet dies, dass zu je zwei von ihnen ein Oberbegriff gefunden werden muss.

Vor der Bearbeitung der nachfolgenden Fragen lesen Sie bitte die Texte 2 a) und 2 b) auf Seite 127 zu den Vor- und Nachteilen der Windenergie aufmerksam durch.

14 Vor- und Nachteile der Windenergie

▶ a) In den Texten werden Vorteile und Nachteile der Windenergienutzung dargestellt oder angerissen. Notieren Sie im Lösungsbogen zu den dort genannten Aspekten stichpunktartig je ein Beispiel, das Sie den Texten entnehmen.

14 Vor- und Nachteile der Windenergie

a)

Aspekte der Windenergienutzung	Textbezogenes Beispiel
sauberer Rohstoff	z. B. ***kein Ausstoß von Kohlendioxid, Stickoxid und Schwefeldioxid***
Schaffung von Arbeitsplätzen	z. B. ***für Handwerker, Ingenieure, Kaufleute, Juristen; derzeit 70.000 Beschäftigte***
weitere Ausbaumöglichkeiten	z. B. ***weitere Flächen im Meer für Off-Shore-Windparks***
keine Lieferung konstanter Strommengen	z. B. ***Wind bläst nicht immer gleich stark; Wind ist nicht immer am richtigen Ort und in der richtigen Stärke vorhanden***

je 1 Punkt, insgesamt 4 Punkte
Die Beispiele müssen dem Text zu entnehmen sein. 4 P.

Diese Aufgabe bezieht sich auf die genannten Texte.

a) Gesucht ist jeweils ein Beispiel aus den Texten, das den genannten Aspekt der Windenergienutzung veranschaulicht. Es genügen Stichpunkte, es muss kein Satz formuliert werden. Inhaltlich ist wichtig, dass die Beispiele den Texten entnommen sind.

▶ b) Entscheiden Sie, was mit den im Lösungsbogen angegebenen Ausdrücken 1 bis 7 **im jeweiligen Textzusammenhang** gemeint ist. Unterstreichen Sie **eindeutig** zu jedem Ausdruck **alle** Wörter bzw. Wortgruppen in der rechten Spalte, die mit den Wendungen aus dem Text bedeutungsgleich sind.

15 Windkraft? Ja bitte!

Sie sind im Gemeinderat einer Kleinstadt tätig und unterstützen die Bestrebungen, unweit des Ortes eine Windkraftanlage aufzustellen. Das Motto lautet: „Windkraft? Ja, bitte!" Ein Großteil der Bewohner und einige kommunale Vertreter sind dagegen und müssen von der Idee überzeugt werden.

Sie argumentieren damit, dass – im Gegensatz zur Nutzung fossiler Brennstoffe – bei Windkraftanlagen eine Verschmutzung der Luft vermieden wird.

▶ Formulieren Sie hierzu **eine Behauptung** und begründen Sie diese ausführlich mit **einem** überzeugenden Beispiel. Sie können die Texte 2 a) und 2 b) auf Seite 127 zu Hilfe nehmen.

b)

	Ausdruck	Wörter/Wortgruppen
1.	auf der Hand liegen (Zeilen 4/5)	offenbar / öffentlich / offenkundig / offensiv
2.	lediglich (Zeile 12)	alleinig / unverheiratet / nur / leidlich
3.	es bedarf (Zeile 16)	es ist nötig / es darf / es braucht / es genügt
4.	gewährleisten (Zeile 23)	sicherstellen / garantieren / anbieten / zeigen
5.	aufkommt (Zeile 26)	beginnt / erscheint / entsteht / sich entfaltet
6.	sich gegen etwas richten (Zeile 32)	dagegen vorgehen / etwas zurechtrücken / gegen etwas ankämpfen / etwas weitersagen
7.	auf etwas setzen (Zeile 33)	sich etwas davon versprechen / darauf bauen / nach etwas Ausschau halten / sich überlegen

je 1 Punkt, insgesamt 13 Punkte
Punktabzug bei mehr als 13 Unterstreichungen. 13 P.

b) Aus den angebotenen Alternativen sollen die ausgewählt werden, die die gleiche Bedeutung haben wie die zitierten Textstellen und auch in den Textzusammenhang passen. Aus der Fragestellung geht nicht hervor, wie viele Begriffe pro Zeile richtig sind, also hilft nur, jeden Einzelfall zu prüfen.

15 Windkraft? Ja bitte!

Inhalt:

Es muss damit argumentiert werden, dass – im Gegensatz zur Nutzung fossiler Brennstoffe – durch Windkraftanlagen die Luft nicht verschmutzt wird.

Die Behauptung muss
- sich auf die vorgegebene Situation beziehen,
- eine stichhaltige Begründung, veranschaulicht durch ein Beispiel, liefern,
- logisch und folgerichtig sein.

Sprache:
- Satzbau weitgehend fehlerfrei
- Wortwahl abwechslungsreich
- Sprachniveau angemessen/situationsgerecht

Wenn **mehrere Argumente** ausgeführt werden, ist nur das erste Argument zu bewerten. Für zusätzliche Ausführungen ist ein **Punktabzug** von bis zu 2 Punkten vorzunehmen.

Bei einer **Themaverfehlung** ist die Aufgabe mit **0 Punkten** zu bewerten; dann auch keine Punktvergabe auf Sprache/Rechtschreibung!

Inhalt: maximal 6 Punkte (Behauptung: 2 Punkte, Begründung und Beispiel: 4 Punkte) 8 P.
Sprache und Rechtschreibung: maximal 2 Punkte

Voraussetzung zum Lösen dieser Aufgabe sind Kenntnisse über den Aufbau eines Arguments. Dieses besteht immer aus einer Behauptung, einer dazu passenden Begründung und einem erläuternden Beispiel.
In dieser Aufgabe wird ein Argument (nicht mehrere) verlangt, das sich aus der beschriebenen Situation ableitet. Sie können Inhalte aus den Texten verwenden, jedoch auch eigene Gedanken zu Papier bringen. Wichtig ist, dass auch die mit der Nutzung fossiler Brennstoffe einhergehende Luftverschmutzung angesprochen wird und der Windkraftnutzung gegenübergestellt wird. Möglich ist, die anderen Gemeinderatsmitglieder im Text anzusprechen. Die Behauptung ergibt sich aus der Aufgabenstellung. Ein Vergleich zwischen dem sauberen Rohstoff Wind und den fossilen Brennstoffen (z. B. Kohle; nicht: Atomenergie!), die bei der Verbrennung in Kraftwerken umweltschädliche Schadstoffe ausstoßen, sollte hier argumentativ ausgeführt werden.

16 Der Ausbau erneuerbarer Energien in Europa

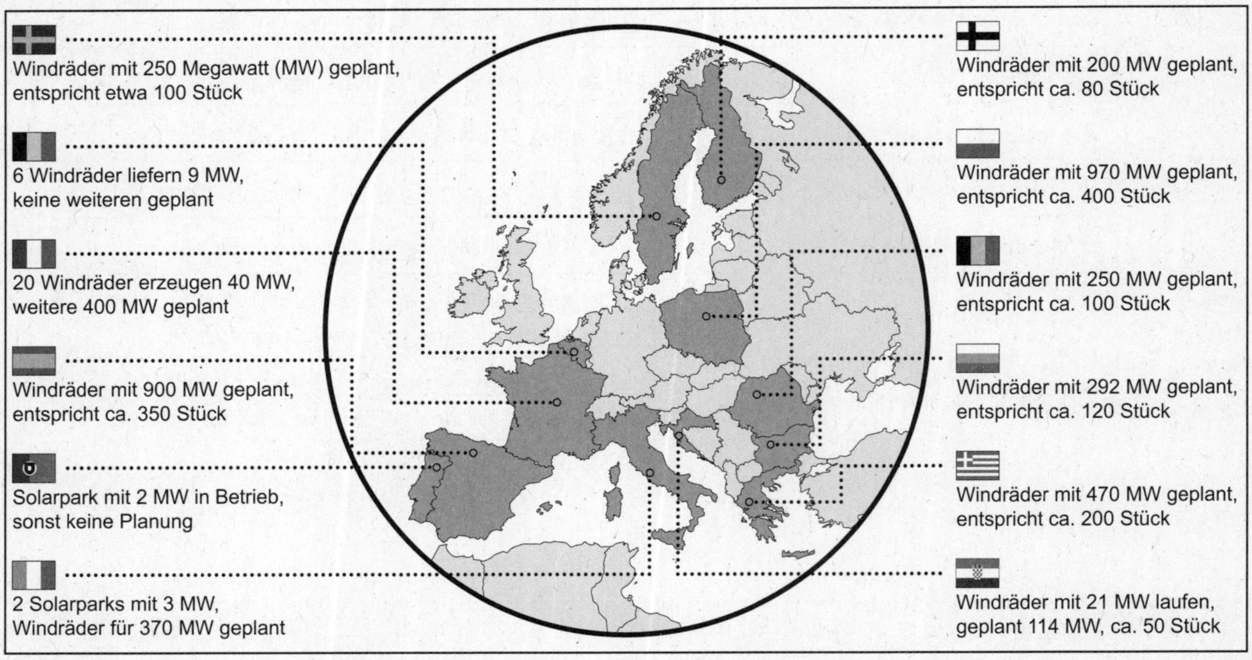

Quelle: tz – 06. 09. 2011

▶ Kreuzen Sie im Lösungsbogen an, ob die Aussagen zur Abbildung richtig (r), falsch (f) oder der Abbildung nicht zu entnehmen (ne) sind.

16 Der Ausbau erneuerbarer Energien in Europa

Kreuzen Sie an, ob die Aussagen zur Abbildung richtig, falsch oder der Abbildung nicht zu entnehmen sind:

ne	r	f	
		X	Spanien plant 900 Windräder.
	X		In Italien wird nicht nur auf die Windkraft gesetzt.
		X	Portugal hat weder Solarparks noch Windräder und plant auch keine.
		X	In Griechenland sind deutlich weniger Windräder geplant als in Frankreich.
X			Dänemark will ca. 100 Windräder aufstellen.
		X	Pro Windrad wird in Polen mit einer Energieausbeute von 250 Megawatt gerechnet.
	X		Zwei skandinavische Länder wollen in Zukunft auch die Windenergie nutzen.
X			In Norwegen wird die Windenergie bereits genutzt, weitere Windräder sind nicht geplant.
X			In Deutschland wird es künftig auch 2 Solarparks geben.
	X		Über die Pläne der Schweiz sagt die Grafik nichts aus.

je 1 Punkt, insgesamt 10 Punkte 10 P.

Um entscheiden zu können, welche der Aussagen richtig, falsch oder nicht enthalten sind, müssen vor allem die europäischen Staaten sicher verortet werden können. Wer dies beherrscht (und dazu vielleicht sogar die Flaggen der einzelnen Staaten kennt), dürfte mit dieser Aufgabe kaum Schwierigkeiten haben. Dann geht es eigentlich nur darum, konzentriert und ganz genau zu lesen und die Aussagen zu den einzelnen Staaten mit den Angaben in der Abbildung zu vergleichen. Zu Dänemark, Norwegen und Deutschland werden keine Angaben gemacht, deshalb ist hier dreimal „nicht enthalten“ anzukreuzen.

17 Nutzung der Sonnenenergie

▶ Das folgende Argument soll darstellen, dass Sonnenenergie besonders umweltfreundlich ist. Leider bleiben die Autoren nicht bei der Sache. Welche der mit den Nrn. 1–8 gekennzeichneten Sätze passen **inhaltlich** nicht zur Behauptung? Kreuzen Sie die entsprechenden Satznummern im Lösungsbogen an. Achten Sie darauf, dass der Text nach Streichung der gekennzeichneten Sätze inhaltlich verständlich und sprachlich flüssig bleiben muss.

Behauptung: Die Nutzung der Sonnenenergie ist eine der umweltfreundlichsten Möglichkeiten, Strom und vor allem Wärme zu erzeugen.

(1) Durch die direkte Umwandlung von Sonnenenergie entstehen keinerlei Schadstoffemissionen und Treibhausgase, wie z. B. CO_2, die die Ozonschicht angreifen und den Treibhauseffekt fördern. **(2)** Eine Strahlenbelastung, wie dies bei der Gewinnung von Atomenergie der Fall sein kann, ist nicht zu befürchten.

Bei einer Art der Stromgewinnung, der Solarthermie, wird Sonnenenergie in nutzbare thermische Energie umgewandelt. **(3)** Solarthermieanlagen können von jedem Haushalt verwendet werden und sind äußerst unkompliziert in der Wartung.

Mittels Sonneneinstrahlung wird Wasser erhitzt, das in gedämmten Boilern zur Benutzung bereitgehalten wird. **(4)** Dabei können keinerlei Giftstoffe oder Emissionen entstehen, die eine Gefahr für die Gesundheit von Mensch und Tier darstellen könnten.

Bei einer Photovoltaikanlage wird mit Hilfe von Solarzellen ein Teil der Sonnenstrahlung in elektrische Energie umgewandelt. **(5)** Auch hier gibt es keine Verbrennung, also keinerlei Emissionen. Bei Photovoltaikanlagen muss aber mit Energieverlusten durch die Übertragung und Verteilung vom Erzeuger zum Verbraucher gerechnet werden.

(6) Die Herstellung der nötigen Sonnenkollektoren erfordert relativ hohe Investitionen, sodass vor allem für den Privathaushalt Kosten entstehen, die sich erst nach geraumer Zeit amortisieren. **(7)** Auch die Haltbarkeit der Kollektoren ist umstritten – die Angaben der Industrie schwanken zwischen 10 und 20 Jahren. **(8)** Insgesamt fällt die Bilanz im Vergleich zu herkömmlichen Energiequellen, wie Kohlekraftwerke oder Ölheizungen, in Bezug auf die Emissionen deutlich zu Gunsten der Sonnenenergie aus.

17 Nutzung der Sonnenenergie

Kreuzen Sie an:

	1	2	3	4	5	6	7	8
Zur Behauptung passen nicht			X			X	X	

je 2 Punkte, insgesamt 6 Punkte
Bei **mehr als drei** Kreuzen: 2 Punkte Abzug pro zusätzlichem Kreuz.
Niedrigster Endpunktwert ist 0

6 P.

Auch bei dieser Aufgabe ist die Kenntnis über den korrekten Aufbau eines Arguments und darüber, dass es in sich schlüssig sein muss, unerlässlich. Jeder der Sätze 1 bis 8 muss daraufhin untersucht werden, ob er inhaltlich zu der Behauptung passt, dass die Nutzung der Sonnenenergie eine der umweltfreundlichsten Möglichkeiten der Strom- und Wärmeerzeugung ist. Die nicht passenden Sätze sollen herausgefunden werden. (Achtung: Die genannte Punktzahl ist nicht immer mit der Anzahl der Antworten identisch, deshalb nur ein Kreuz setzen, wenn Sie sich ganz sicher sind!)

Anmerkungen zu den nicht dazugehörigen Sätzen:
In Satz 3 geht es um technische Aspekte und um die Wartung, in Satz 6 um finanzielle Aspekte und in Satz 7 um die Haltbarkeit der Sonnenkollektoren – also an keiner Stelle um Umweltfreundlichkeit.

18 Nutzung der Windenergie auf besondere Art

Am 29. Oktober 2011 startete das Volvo Ocean Race 2011/12, eines der weltweit herausforderndsten Segelrennen. Die Route führte vom Hafen Alicante in Südspanien bis Galway in Irland und endete Anfang Juli 2012. Die folgende Abbildung zeigt den Verlauf des Segelrennens.

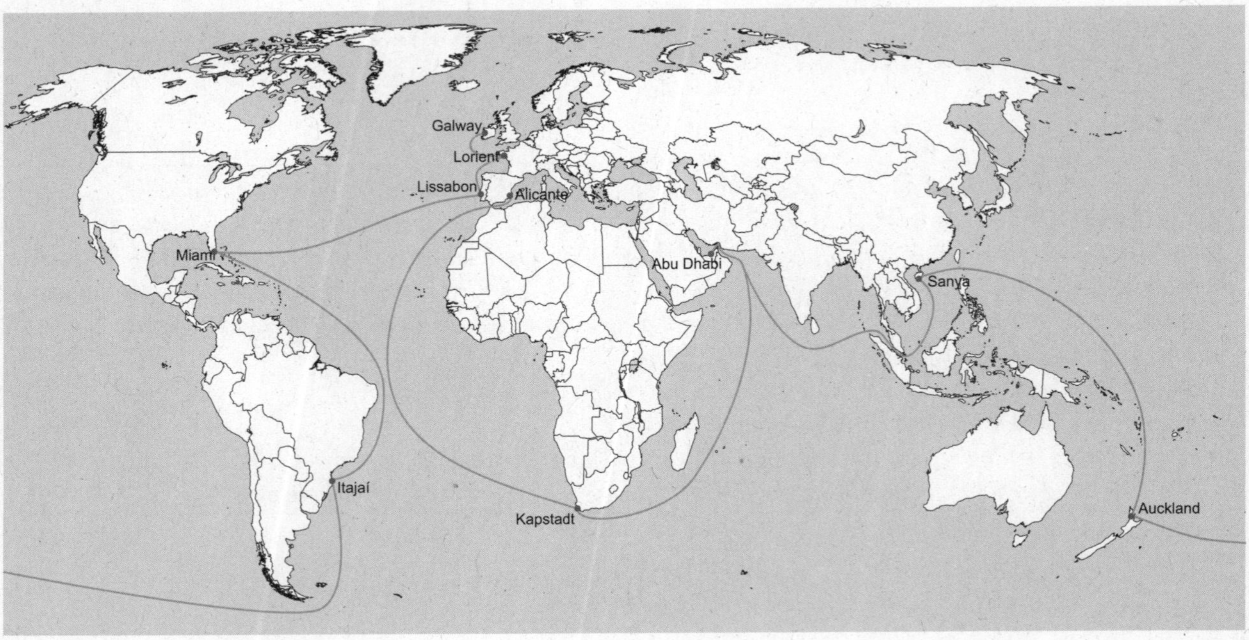

Quelle: http://blog.gaastraproshop.com

▶ a) Kreuzen Sie im Lösungsbogen an, ob die Aussagen zur Abbildung passen oder nicht.

(1) Die Segelyachten waren insgesamt nur auf der Südhalbkugel unterwegs. **(2)** Sie umsegelten u. a. die Südspitze Indiens, **(3)** liefen einen Ort in Brasilien an, **(4)** passierten die Südküste von Kalifornien und **(5)** landeten auf ihrem Weg zurück nach Irland im Westen von Spanien an.

▶ b) Folgen Sie der Segelstrecke. **Streichen Sie** im Lösungsbogen alle geografischen Orte **durch,** die die Yachten im Verlauf ihrer Fahrt vom Start bis zum Ziel **nicht bzw. nicht auf der jeweiligen Etappe der Strecke** passiert haben.

19 Energiegewinnung aus Biomasse

Sie sollen eine Präsentation zu folgendem Thema vorbereiten:

Auswirkungen der Energiegewinnung aus Biomasse auf die Umwelt

▶ Kreuzen Sie im Lösungsbogen an, welche der aufgeführten Notizen inhaltlich zum Thema Ihrer Präsentation passen und welche nicht.

Notizen für eine Präsentation

1	Nachwachsende Rohstoffe ➔ billig, Unabhängigkeit von anderen Staaten
2	Verbrennung von Biogas ➔ fossile Energieträger können eingespart werden
3	Vergärung der Gülle statt sie auf die Felder auszubringen (Boden- und Gewässerbelastung!) ➔ sinnvolle Weiterverwertung
4	Erhöhung der Pachtpreise ➔ Milchbauern geraten unter Preisdruck
5	Kombination von Photovoltaik-Anlage und Biomasseheizwerk ➔ in wirtschaftlicher Hinsicht besonders sinnvoll
6	Monokulturanbau (Energiepflanzen für Biogas) ➔ Artensterben durch Pestizide und Kunstdünger

18 Nutzung der Windenergie auf besondere Art

a) Kreuzen Sie an:

	1	2	3	4	5
Aussage passt zur Abbildung		X	X		
Aussage passt nicht zur Abbildung	X			X	X

je 1 Punkt, insgesamt 5 Punkte 5 P.

b) Streichen Sie die erfragten geografischen Orte durch:

Start Mittelmeer ➔ ~~Ostsee~~ ➔ Straße von Gibraltar ➔ ~~Pazifik~~ ➔
Atlantik ➔ Indischer Ozean ➔ ~~Rotes Meer~~ ➔ ~~Suezkanal~~ ➔ Persischer Golf ➔
Südostasiatische Inseln ➔ Pazifik ➔ Atlantik ➔ Karibische Inseln ➔
~~Panamakanal~~ ➔ Atlantik ➔ Ziel.

je 1 Punkt, insgesamt 5 Punkte 5 P.
Punktabzug bei mehr als fünf durchgestrichenen geografischen Orten.

Die richtige Zuordnung bei Aufgabe a) und die korrekte Lösung von Aufgabe b) erfordern eine Vorstellung von der geografischen Lage der Kontinente sowie bedeutender Gewässer (auch Meerengen und Kanäle) auf der Erde. Mit aktiviertem Wissen aus dem Erdkundeunterricht lassen sich Indien, Brasilien, Kalifornien, Irland und Spanien unschwer auf der Weltkarte verorten. Als Vorbereitung auf die Prüfung sollte gezielt mit dem Atlas gearbeitet werden. Es empfiehlt sich, regelmäßig die aktuellen Informationen zum weltweiten Tagesgeschehen aus den Medien auf einer Weltkarte zu verorten.

19 Energiegewinnung aus Biomasse

Kreuzen Sie an:

	1	2	3	4	5	6
passt zum Thema		X	X			X
passt nicht zum Thema	X			X	X	

je 1 Punkt, insgesamt 6 Punkte 6 P.

Die aufgelisteten Notizen müssen daraufhin untersucht werden, ob sie in der geplanten Präsentation über die Auswirkungen der Energiegewinnung auf die Umwelt Verwendung finden können, ob also ein inhaltlicher Zusammenhang besteht oder nicht.

Anmerkungen zu den nicht dazugehörigen Stichpunkten:
In Notiz 1 werden die Art des Rohstoffes, der finanzielle Aspekt und Konsequenzen daraus angesprochen; die Notizen 4 und 5 beschreiben ebenfalls finanzielle Gesichtspunkte: Notiz 4 bezogen auf die Pachtpreise und die Preisgestaltung, Notiz 5 bezogen auf die Wirtschaftlichkeit der kombinierten Anlagen.

20 Sonnenenergie und Biomasse

Pflanzen nehmen Energie in Form von Sonnenstrahlung auf und wandeln diese in Biomasse um. Die Geschwindigkeit, mit der Biomasse hergestellt wird, heißt Produktivität und wird in Substanz pro Flächeneinheit und Zeit (Gramm/Quadratmeter/im Jahr) ausgedrückt. Je höher die Temperatur und der Niederschlag, desto größer die Produktivität.

www.faszination-regenwald.de

▶ Im Folgenden sind die Klimadiagramme zweier Klimazonen dargestellt. Lesen Sie dazu den oben stehenden Text im Kasten und kreuzen Sie im Lösungsbogen an, ob die folgenden Aussagen zutreffend sind oder nicht.

A In Klimazone 1 baut sich Biomasse insgesamt langsamer auf als in Klimazone 2.

B In beiden Klimazonen liegt die Produktivität etwa gleich.

C In Klimazone 1 wachsen Pflanzen insgesamt langsamer als in Klimazone 2.

D In Klimazone 2 gibt es keine Jahreszeiten, deshalb kann die Biomasse das ganze Jahr über kontinuierlich wachsen.

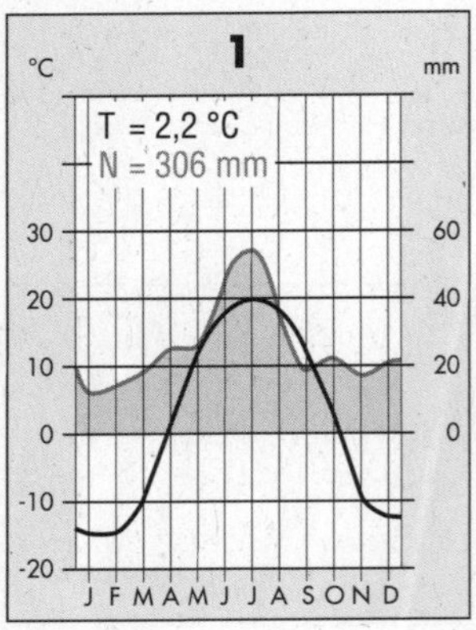

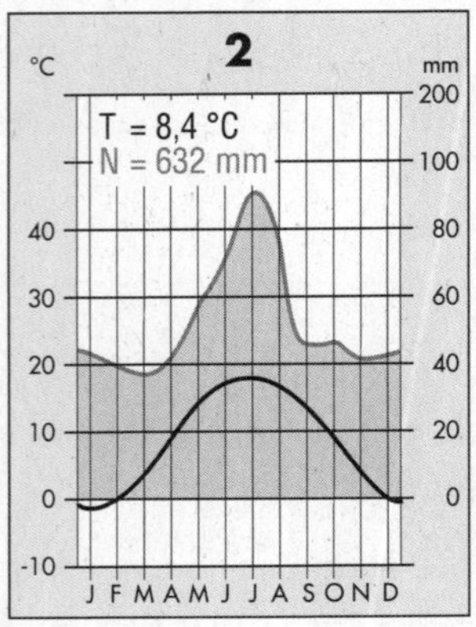

Quellen:
Brucker/Hausmann: Unsere Erde 7, Realschule, Ausgabe B, München 1994, S. 95.
Brucker/Hausmann: Unsere Erde 9, Realschule, Ausgabe B, München 1995, S. 55.

21 Interpretation von Karikaturen

▶ Eine Karikatur kann viele Aussagen gleichzeitig enthalten. Sie soll den Betrachter zum kritischen Nachdenken anregen und auf neue Ideen bringen. Welche der angegebenen Aussagen und weiterführenden Gedanken passen zur gegebenen Karikatur und welche passen nicht dazu? Tragen Sie im Lösungsbogen den entsprechenden Kennbuchstaben ein (r = richtig, f = falsch).

© Michael Hüter

1 Ab dem Jahr 2023 haben alle Haushalte in Deutschland Photovoltaikanlagen.

2 Besonders im Winter ist Solartechnik praktisch.

3 Die Nutzung von Solartechnik beschränkt sich bald nicht mehr ausschließlich auf einen besonders fortschrittlich denkenden Personenkreis.

4 Die Nutzung von Solartechnik schützt den Wald.

5 Erst ab dem Jahr 2023 ist die Solarenergie für den Normalverbraucher zugänglich.

6 Man wird wohl in Zukunft auf Solartechnik setzen.

7 Photovoltaikanlagen werden wohl in Zukunft vom Normalverbraucher genutzt.

8 Die Nutzung alternativer Energien könnte künftig ganz selbstverständlich werden.

Quelle: http://www.volker-quaschning.de/Michael-Hueter/index.php

20 Sonnenenergie und Biomasse

Kreuzen Sie an:

	A	B	C	D
zutreffend	X		X	
nicht zutreffend		X		X

je 1 Punkt, insgesamt 4 Punkte 4 P.

Diese Aufgabe muss erst einmal ganz genau gelesen werden, vor allem der letzte Satz. Außerdem sollte die Interpretation von Klimadiagrammen aus dem Erdkundeunterricht als eine grundlegende Methode bekannt sein. Wer sein Schulwissen aktivieren und einfachere logische Verknüpfungen herstellen kann, dürfte die Aufgabe mühelos lösen können. Hier erweist sich der letzte Satz als „Türöffner" der hilft, die Aufgabe anzugehen: „Je höher die Temperatur und der Niederschlag, desto größer die Produktivität". Bei den vorliegenden Klimadiagrammen genügt schon ein Blick auf die Jahresmitteltemperaturen (2,2 Grad Celsius in Abbildung 1 und 8,4 Grad Celsius in Abbildung 2) und die Jahresniederschlagswerte (306 mm in Abbildung 1 und 632 mm in Abbildung 2). Daraus ergibt sich zwangsläufig, dass die Produktivität, nämlich die Geschwindigkeit, mit der Biomasse hergestellt wird, in Klimazone 2 höher sein muss als in Klimazone 1. Folglich trifft Aussage A zu. Konsequenterweise muss Aussage B dann falsch sein. Wenn die Geschwindigkeit, mit der Biomasse hergestellt wird, mit der Höhe der Temperatur und des Niederschlags zunimmt, muss C richtig sein. Antwort D dagegen ist falsch, weil das Klimadiagramm 2 auf ein Jahreszeitenklima hinweist, in dem sich warme und kalte Jahreszeiten deutlich voneinander unterscheiden: Die Durchschnittstemperatur liegt im Januar knapp unter dem Gefrierpunkt, im Juli bei rund 18 Grad Celsius).

21 Interpretation von Karikaturen

Tragen Sie ein:

	1	2	3	4	5	6	7	8
richtig (r) oder falsch (f)	f	f	r	f	f	r	r	r

je 1 Punkt, insgesamt 8 Punkte 8 P.

Um eine Karikatur interpretieren zu können, ist immer Hintergrundwissen notwendig, weil Karikaturen meist zum Nachdenken über ein bestimmtes (aktuelles) Thema anregen. Zur Lösung dieser Aufgabe ist es sinnvoll, dieses Hintergrundwissen zu aktivieren, indem man zuerst für sich selbst versucht, zu erschließen, worum es geht, und sich dann erst an das Ankreuzen der richtigen Aussagen macht. Die Karikatur von Michael Hüter zeigt einen Jäger, der mit seiner Jagdwaffe auf einem Jägerstand sitzt und sich mit einer Heizdecke wärmt. Der Strom dazu kommt aus einer Solarzelle, die über ihm auf dem Jägerstand angebracht ist.
Überspitzt und witzig wird hier die Zukunft der Solartechnik dargestellt, deren Nutzung im Alltag künftig ganz selbstverständlich sein wird. Hat man die Intention dieser Karikatur erfasst, können die Aussagen 1, 2, 4, 5 mühelos als falsch identifiziert werden.

22 Sommer- und Winterzeit

Die Mitteleuropäische Sommerzeit beginnt jeweils am letzten Sonntag im März um 2 Uhr Mitteleuropäischer Zeit (MEZ): Die Uhr wird dann um eine Stunde vorgestellt. Am letzten Sonntag im Oktober, um 3 Uhr MEZ, endet die Mitteleuropäische Sommerzeit. In Deutschland wurde die jetzt gültige Zeitumstellung von der Normalzeit – oder, wie von vielen bezeichnet, „Winterzeit" – auf die Sommerzeit im Jahr 1980 eingeführt. Durch eine bessere Nutzung des Tageslichts sollte Energie gespart werden. Diese Überlegung war u. a. eine Nachwirkung aus der Zeit der Ölkrise in Deutschland 1973.

▶ Welche Aussagen sind in diesem Zusammenhang richtig (r), welche falsch (f)? Kreuzen Sie im Lösungsbogen das entsprechende Kästchen an.

1 Am letzten Sonntag im Oktober werden bei uns die Uhren von 3 Uhr auf 2 Uhr zurückgestellt.

2 Die Nacht der Umstellung auf Mitteleuropäische Sommerzeit ist um eine Stunde länger.

3 22 Uhr Mitteleuropäischer Sommerzeit entspricht 23 Uhr Mitteleuropäischer Zeit.

4 Die Mitteleuropäische Zeit (MEZ) entspricht der „Winterzeit" bei uns.

5 Der Tag der Umstellung im Herbst zählt 24 Stunden.

23 Bayern, Deutschland und Europa

▶ a) Ergänzen Sie im Lösungsbogen die drei Aussagen zu Bayern, Deutschland und Europa. Setzen Sie dazu im Lösungsbogen jeweils ein Kreuz bei der zutreffenden Zahl.

▶ b) Ordnen Sie den im Lösungsbogen vorgegebenen geografischen Orten jeweils die richtige Zahlen-Buchstabenkombination zu. Ein Beispiel ist vorgegeben.

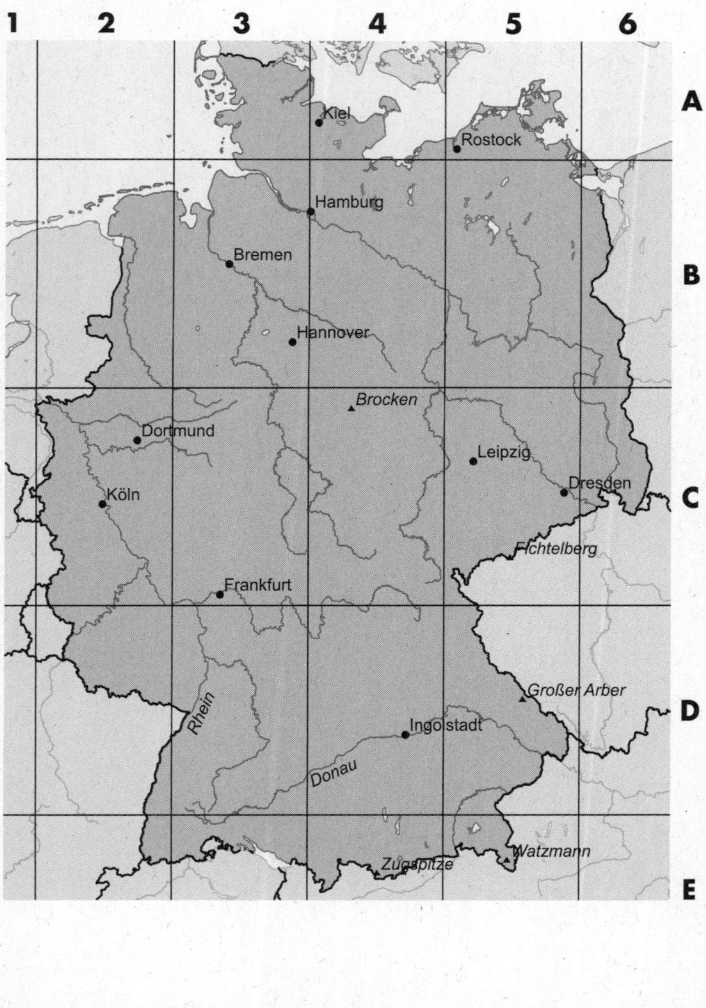

Quelle: http://upload.wikimedia.org/wikipedia/commons/0/0b/Relief_Map_of_Germany.svg (verändert)

22 Sommer- und Winterzeit

Kreuzen Sie an, ob die Aussagen richtig oder falsch sind:

	1	2	3	4	5
richtig	X			X	
falsch		X	X		X

je 1 Punkt, insgesamt 5 Punkte 5 P.

Bei dieser Aufgabe gilt es, einem kurzen Text geeignete Informationen zu entnehmen. Hierzu muss der Text mehrmals konzentriert gelesen werden, bevor man sich auf die Aufgaben „stürzt". Man sollte der Versuchung widerstehen, bei Aufgaben dieses Typs die vermeintlich richtigen Aussagen anzukreuzen, bevor man den Text genau gelesen hat. Aus dem Text ergibt sich, dass Aussage 1 richtig ist: Wenn die Uhren im März um eine Stunde vorgestellt werden, müssen sie logischerweise im Oktober zurückgestellt werden. Auch bei Aussage 2 hilft der Text weiter: Sie ist falsch, weil am letzten Sonntag im März die Uhr um eine Stunde vorgestellt wird, damit ist die Nacht um eine Stunde kürzer. Auch Aussage 3 trifft nicht zu, denn die MEZ (Mitteleuropäische Zeit) entspricht unserer „Winterzeit", was hieße, dass es um 23 Uhr „eigentlich" – nach Mitteleuropäischer Sommerzeit – schon 24 Uhr wäre. Auch Aussage 4 trifft zu: Die MEZ entspricht der „Winterzeit" bei uns. So steht es im Text. Weiter ist dem Text zu entnehmen, dass Aussage 5 falsch ist: Wenn im Herbst die Uhren eine Stunde zurückgestellt werden, hat der Tag der Umstellung 25 Stunden. Aussage 5 ist also falsch.

23 Bayern, Deutschland und Europa

a) Kreuzen Sie an:

Bayern gliedert sich in **5** [ ] **7** [X] **9** [ ] **11** [ ] Regierungsbezirke.

Deutschland setzt sich zusammen aus **10** [ ] **16** [X] **19** [ ] **25** [ ] Bundesländern.

Der Europäischen Union gehören **15** [ ] **21** [ ] **25** [ ] **27** [X] Staaten an.

je 1 Punkt, insgesamt 3 Punkte 3 P.

b) Ordnen Sie zu:

Beispiel:

München	**4 D**

Grenze zu Dänemark	**3 A**
Stuttgart	**3 D**
Berlin	**5 B**
Nürnberg	**4 D**
Passau	**5 D**

Erzgebirge	**5 C**
Berchtesgaden	**5 E**
Bayerischer Wald	**5 D**
Thüringer Wald	**4 C**
Elbmündung	**3 B**

je 1 Punkt, insgesamt 10 Punkte 10 P.
Beide Teile der Ziffern-Buchstaben-Kombination müssen richtig sein.

Ein solides geografisches Grundwissen bezüglich Bayerns, Deutschlands und des europäischen Kontinents schließt gute Kenntnisse über deren politische Gliederung mit ein. Gezielte Atlasarbeit hilft bei der Vorbereitung.

24 Verfassungsmäßige Ordnung in den Bundesländern

Rahmenbedingungen und Fördermaßnahmen, die sich auf erneuerbare Energien beziehen, werden auch in den Bundesländern gegeben, so von der Bauordnung über die Raum- und Landesplanung bis hin zu landeseigenen Energiegesetzen. Als Grundlage gilt für alle Handelnden und alle Maßnahmen, dass sie der verfassungsmäßigen Ordnung entsprechen müssen. Dazu bestimmt das Grundgesetz für die Bundesrepublik Deutschland z. B. im Artikel 28:

(1) Die verfassungsmäßige Ordnung in den Ländern muss den Grundsätzen des republikanischen, demokratischen und sozialen Rechtsstaates im Sinne dieses Grundgesetzes entsprechen. [...]

(3) Der Bund gewährleistet, dass die verfassungsmäßige Ordnung der Länder den Grundrechten und den Bestimmungen der Absätze 1 und [...] entspricht.

▶ a) Somit gilt in allen Ländern der Bundesrepublik das Prinzip der Gewaltenteilung in Legislative, Exekutive und Judikative. Tragen Sie im Lösungsbogen für diese drei Bereiche den jeweils zutreffenden deutschen Fachbegriff ein.

▶ b) Die verfassungsmäßige Ordnung der Bundesrepublik Deutschland ist zudem mit dem Fachbegriff „Föderalismus" gekennzeichnet. Kreuzen Sie im Lösungsbogen bei den Kennbuchstaben an, ob die dabei stehende Definition zutreffend ist oder nicht.

Unter „Föderalismus" versteht man ...

A	... einen Begriff der konservativen Staatslehre, die der pluralistischen Interessenvielfalt moderner Staaten ein übergeordnetes, einheitliches politisches System entgegensetzt.
B	... den Zusammenschluss mehrerer Länder zu einem Gesamtstaat, bei dem die Regierungen des Gesamtstaats und der Länder, von der Verfassung bestimmt, zusammenarbeiten und sich die Macht der Politiker zwischen Gesamtstaat und den Ländern aufteilt.
C	... eine politische Organisationsform mit Beschränkung politischer Macht durch ihre Aufteilung auf unterschiedliche Ebenen (vertikale Gewaltenteilung), sodass einerseits mehrere Ebenen der politischen Teilhabe und Einflussmöglichkeiten entstehen und sich andererseits unterschiedliche Formen und Wege der politischen Aufgabenerfüllung ergeben.
D	... eine politische Ordnung, bei der die staatlichen Aufgaben zwischen Gesamtstaat und Einzelstaaten aufgeteilt werden, und zwar so, dass beide politischen Ebenen für bestimmte (verfassungsgemäß festgelegte) Aufgaben selbst zuständig sind.
E	... die Bezeichnung für ein politisches System, in dem die Staatsgewalt über das gesamte Staatsgebiet zentral ausgeübt wird. Es kann in diesem System auch dezentrale Organe der Selbstverwaltung geben, die allerdings einheitlich beaufsichtigt werden.
F	... ein Ordnungsprinzip, das auf weitgehender Unabhängigkeit einzelner Einheiten beruht, die zusammen aber ein Ganzes bilden.

24 Verfassungsmäßige Ordnung in den Bundesländern

a)

Legislative	**Gesetzgebende Gewalt** (oder) **Gesetzgebung** (falsch z. B. Parlament oder Bundestag)
Exekutive	**Ausführende Gewalt** (oder) **Vollziehende Gewalt** (falsch z. B. Regierung oder Bundeskanzler)
Judikative	**Rechtsprechende Gewalt** (oder) **Richterliche Gewalt** (falsch z. B. Gerichte oder Bundesverfassungsgericht)

je 1 Punkt, insgesamt 3 Punkte 3 P.

b) Kreuzen Sie an:

	A	B	C	D	E	F
zutreffend		X	X	X		X
nicht zutreffend	X				X	

je 1 Punkt, insgesamt 6 Punkte 6 P.

a) Hier geht es um Basiswissen, das oft thematisiert wird: die Prinzipien unserer Verfassung. Zur Vorbereitung eignen sich unbedingt ein aktuelles Sozialkundebuch, die diesbezüglich einschlägigen Informationen bspw. der Bundeszentrale für politische Bildung im Netz unter http://www.bpb.de/ oder jene der Bayerischen Landeszentrale für politische Bildungsarbeit mit der Internetadresse http://192.68.214.70/blz/index.aspx. Dort können etliche Texte der Publikationen online gelesen werden. Über den Link „Online-Version" kommt man unschwer zum Inhalt der sehr übersichtlichen und informativen Veröffentlichungen.

b) Die Bundesrepublik Deutschland ist nach GG Art. 20 ein demokratischer und sozialer Bundesstaat, bei dem alle Staatsgewalt vom Volke ausgeht, die von ihm in Wahlen und Abstimmungen und durch besondere Organe der Gesetzgebung, der vollziehenden Gewalt und der Rechtsprechung ausgeübt wird. Dieser Verfassungstext ist nahezu durchgängig prüfungsrelevant. Bei dieser Aufgabe wird der Fachbegriff unserer bundesstaatlichen, also föderalen Ordnung „abgeklopft".

▶ c) Föderalismus bedeutet auch Vielfalt – in den Ideen, den Abläufen, den Benennungen. Tragen Sie im Lösungsbogen die Kennziffer der zutreffenden Amts- oder Organbezeichnung der jeweiligen Staatsgewalt aus der Auswahlliste beim dort genannten Bundesland ein.

Auswahlliste (Mehrfachnennungen der Begriffe in der Auswahlliste sind möglich):

1	Unterhaus	**5**	Bürgerschaft	**9**	Ratsversammlung	**13**	Abgeordnetenhaus
2	Landeshauptmann	**6**	Ministerpräsident	**10**	Regierender Bürgermeister	**14**	Präsident des Senats/ Erster Bürgermeister
3	Landtag	**7**	Senat	**11**	Forum		
4	Stadtrat	**8**	Landsmannschaft	**12**	Premierminister		

▶ d) Die föderale Vielfalt kommt auch in den offiziellen Bezeichnungen der einzelnen Bundesländer zum Tragen. Vermerken Sie im Lösungsbogen neben dem Namen des Landes, ob sich dieses „nur" als **Land** (Kennbuchstabe **„L"**), als **Freistaat** (Kennbuchstabe **„F"**) oder als **Freie Hansestadt** bzw. **Freie und Hansestadt** (Kennbuchstabe **„H"**) bezeichnet.

c) Tragen Sie die jeweils zutreffende Kennziffer ein:

Bundesland	Bezeichnung des Amtsinhabers oder des obersten Organs der **Exekutive** im Land	Bezeichnung des Amtsinhabers oder des obersten Organs der **Legislative** im Land
Hamburg	**14**	**5**
Sachsen	**6**	**3**
Bayern	**6**	**3**
Berlin	**10**	**13**

je 1 Punkt, insgesamt 8 Punkte 8 P.

d)

Bundesland	**Offizielle Bezeichnung**
Bremen	**H**
Brandenburg	**L**
Thüringen	**F**
Bayern	**F**
Hessen	**L**

je 1 Punkt, insgesamt 5 Punkte 5 P.

c) Die Vielfalt föderaler Institutionen in den Ländern der Bundesrepublik wird hier thematisiert. Zur Vorbereitung wird empfohlen, sich einen Überblick über die Gleichartigkeiten und Unterschiede der 16 Länder zu verschaffen. So unterscheiden sich etwa die Bezeichnungen der Parlamente oder der Regierungschefs in den Flächenstaaten von jenen der Stadtstaaten deutlich.

d) s. o. zu c)